T0208470

essentials

essentials liefern aktuelles Wissen in konzentrierter Form. Die Essenz dessen, worauf es als „State-of-the-Art" in der gegenwärtigen Fachdiskussion oder in der Praxis ankommt. *essentials* informieren schnell, unkompliziert und verständlich

- als Einführung in ein aktuelles Thema aus Ihrem Fachgebiet
- als Einstieg in ein für Sie noch unbekanntes Themenfeld
- als Einblick, um zum Thema mitreden zu können

Die Bücher in elektronischer und gedruckter Form bringen das Expertenwissen von Springer-Fachautoren kompakt zur Darstellung. Sie sind besonders für die Nutzung als eBook auf Tablet-PCs, eBook-Readern und Smartphones geeignet. *essentials:* Wissensbausteine aus den Wirtschafts-, Sozial- und Geisteswissenschaften, aus Technik und Naturwissenschaften sowie aus Medizin, Psychologie und Gesundheitsberufen. Von renommierten Autoren aller Springer-Verlagsmarken.

Weitere Bände in dieser Reihe http://www.springer.com/series/13088

Karin Wurth

Trennungsmanagement in Unternehmen

Trennungsprozesse in Führung
und Personalwesen fair
und transparent gestalten

Karin Wurth
Kempten, Deutschland

ISSN 2197-6708   ISSN 2197-6716   (electronic)
essentials
ISBN 978-3-658-15381-6   ISBN 978-3-658-15382-3   (eBook)
DOI 10.1007/978-3-658-15382-3

Die Deutsche Nationalbibliothek verzeichnet diese Publikation in der Deutschen Nationalbibliografie; detaillierte bibliografische Daten sind im Internet über http://dnb.d-nb.de abrufbar.

Gedruckt auf säurefreiem und chlorfrei gebleichtem Papier

Springer ist Teil von Springer Nature
Die eingetragene Gesellschaft ist Springer Fachmedien Wiesbaden GmbH
Die Anschrift der Gesellschaft ist: Abraham-Lincoln-Str. 46, 65189 Wiesbaden, Germany

Was Sie in diesem *essential* finden können

- Grundlagen für den Umgang mit eigenen und fremden Emotionen bei Trennungsprozessen
- Praktische Unterstützung zur Vorbereitung und Durchführung von Trennungsgesprächen
- Bedürfnisse der unterschiedlichen Anspruchsgruppen (Stakeholder) im Unternehmen
- Ideen zur Stärkung und Motivation von Zurückbleibenden und Führungskräften
- Empfehlungen zum Vorgehen bei Trauerfällen im Unternehmen
- Ein kurzer Überblick über Trennungskultur als unternehmerische Grundhaltung

Vorwort

Jedes Unternehmen produziert Trennungen, ob betriebliche Einzelmaßnahmen, die Auflösung eines Teams, ein Projektabbruch bis zu kollektiven Trennungen bei Schließung oder Sanierung eines Betriebs. Auch die oft kurzfristig wirkende Trennung von der Geschäftsführung zählt dazu. Ein Todesfall von Mitarbeitern oder Unternehmer ist eine oft überraschende und besonders belastende Form der Trennung.

Mit diesem *essential* spreche ich Mitarbeiterinnen und Mitarbeiter im Personalbereich, Führungskräfte und Verantwortliche für die Unternehmenskommunikation an. Sie alle sind in Trennungsprozessen aktiv, wenn auch nicht immer freiwillig, eingebunden. Sie führen Trennungsgespräche entweder selbst durch oder planen und begleiten Trennungsprozesse. Sie unterstützen die Führungskräfte oder verantworten die Trennungskommunikation nach innen und außen.

Dieses kompakte und praxisorientierte *essential* soll direkt am Arbeitsplatz genutzt werden. Es dient als fachlicher Einstieg zur direkten Umsetzung. Für Praktiker im Personalwesen und für betroffene Führungskräfte ist es gut geeignet, ein besseres Verständnis dieses komplexen Themas zu bekommen.

Schwerpunkt des Buches ist die gelungene Gestaltung von Trennungsprozessen und -gesprächen, insbesondere von einzelnen Mitarbeitern und Projektteams. Meine Basis ist eine systemisch geprägte, prozesshafte Sichtweise. Kollektive Trennungen, die noch stärker von arbeitsrechtlichen Aspekten geprägt werden, sind nur am Rande Gegenstand dieses Buches. Dazu wird auf die entsprechende Fachliteratur hingewiesen[1].

---

[1]Insbesondere in Zusammenhang mit Betriebsänderungen, Interessenausgleich und Sozialplan.

Sowohl die Gestaltung der Trennungsprozesse selbst wie auch die Kommunikation dazu wirken sich auf verschiedene Anspruchsgruppen des Unternehmens aus. Bei diesem Stakeholder-orientierten Ansatz stehen Führungskräfte, Zurückbleibende, Projektteams, Verantwortliche für Kommunikation und der Personalbereich im Folgenden besonders im Fokus.

Abgerundet wird das *essential* durch die Überlegung, wie gelingende Trennungsprozesse zur Stabilisierung der Unternehmenskultur beitragen. Damit wird der Umgang mit betrieblichen Trennungen zum Baustein einer guten Unternehmensführung (Good Governance).

Ein besonderer Dank gilt meinen Gesprächspartnerinnen und -partnern Marion Houben, Andrea Müller-Götz, Andreas Nitsch und Dr. Hans-Ulrich Streit für den Austausch und ihre wertvollen Beiträge.

Kempten, Deutschland   Karin Wurth
Juli 2016

Inhaltsverzeichnis

Karin Wurth ist selbstständige Beraterin für Organisationsentwicklung in Kempten (Allgäu) mit dem Schwerpunkt Team-, Organisations- und Kulturentwicklung von Unternehmen und Non-Profit-Organisationen. Als langjährige kaufmännische Führungskraft in der Wirtschaft ist sie erfahren in der Initiierung und Gestaltung betrieblicher Trennungsprozesse. Sie ist als ehrenamtliche Hospizhelferin und Trauerbegleiterin ausgebildet.

1

„Abschied mit Anstand", „Trennungsmanagement 4.0", „Wie Manager mit Kündigungen richtig umgehen", „Wie man mit Anstand fliegt":[1] In den letzten Jahren sind in der Presse zahlreiche Artikel erschienen, die sich mit Trennungen im betrieblichen Kontext beschäftigen.

Parallel dazu bieten Beratungsunternehmen mit Schwerpunkt Outplacement zahlreiche Seminare und Dienstleistungen an zu „Trennung mit Perspektiven", „Aufhebungsvertrag und Professionelles Trennungsmanagement", „Trennungskultur bei betrieblicher Kündigung" oder „Der richtige Umgang bei Trennungssituationen".

Wie betriebliche Trennungen durchgeführt werden sollten, ist regelmäßig Pausengespräch bei eigenen Vorträgen und Workshops. Das Thema hat den rein arbeitsrechtlichen Fokus, der sich in Seminarangeboten wie „Der gelungene Aufhebungsvertrag" spiegelt, zum Glück verlassen.

Trotz dieser erfreulichen Entwicklung fordern bestehende blinde Flecken die weitere intensive Beschäftigung mit Trennungen im Unternehmen heraus. Dazu gehören interne Trennungen wie Teamauflösung oder Projektabbruch, die Rolle der Vorgesetzten, und – oft vernachlässigt – die Motivation und Begleitung der Zurückbleibenden. Wenn ein Kollege oder der Firmeninhaber verstirbt, ist der Umgang mit Tod, Abschied und Trauer für viele Betriebe unbekanntes Terrain.

Dieses *essential* zeigt konkret und nah am Berufsalltag, wie Trennungsgespräche auf möglichst faire und transparente Art vorbereitet und durchgeführt werden. Hilfreiche Checklisten und Fragen sind eingebunden. Der Einstieg in das Thema

---

[1]Zum Beispiel „Dienstag – der beste Tag zum Kündigen" von J. Pilgram in der Süddeutschen Zeitung vom 28.02.2010 oder „Wie Manager mit Kündigungen richtig umgehen" von Uta von Boyen in der Wirtschaftswoche vom 01.02.2012.

© Springer Fachmedien Wiesbaden 2017
K. Wurth, *Trennungsmanagement in Unternehmen*, essentials,
DOI 10.1007/978-3-658-15382-3_1

erfolgt über den scheinbaren Umweg, Emotionen in Veränderungs- und damit auch in Trennungsprozessen näher zu betrachten.

Das abschließende Kapitel „Trennungskultur im Unternehmen" wirft einen Blick auf die Wechselwirkung einer guten Unternehmenskultur mit dem betrieblichen Trennungsmanagement.

Trennungssituationen in Unternehmen

2

2.1 Trennungen im Unternehmen

Der Duden schlägt zum Begriff „Trennung" folgende aufschlussreiche Synonyme vor:

- Abschied, Fortgang, Lebewohl, Scheiden
- Aufteilung, Teilung,
- Scheidung, Zerwürfnis,
- Unterscheidung, Absage
- Abwendung

Bedeutet Trennung demnach, ein Unternehmen *wendet* sich von jemanden *ab?* *Unterscheidet* eine Trennung zwischen wichtig und unwichtig, zwischen dazu gehören und nicht mehr gebraucht werden? Wer sich *abwendet,* verliert jemanden aus dem Blickfeld. Bedeutet Trennung im Arbeitsleben als Konsequenz, nicht mehr gesehen zu werden?

Muss eine Trennung im Unternehmen automatisch ein *Zerwürfnis* sein? Sind die Rollen Gut und Böse, Opfer und Täter klar *aufgeteilt?* Wie müsste der *Fortgang* beschaffen sein, der, im besten Fall verbunden mit einem *Lebewohl,* das *Zerwürfnis* vermeidet oder zumindest reduziert?

In der Tagespresse und in unternehmerischen Pressemitteilungen klingt die betriebliche Trennung, insbesondere die Trennung von ganzen Gruppen von Mitarbeitern, erstaunlich wohlgemut:

- Bereinigung. Korrektur. Optimierung. Verschlankung. Downsizing.
- Entflechtung. Auslagerung. Outsourcing.
- Rückzug aus dem Markt. Besinnung auf die Kernkompetenzen. Fokussierung.

© Springer Fachmedien Wiesbaden 2017
K. Wurth, *Trennungsmanagement in Unternehmen,* essentials,
DOI 10.1007/978-3-658-15382-3_2

Der Begriff Trennung kommt hier nur versteckt in einer verbalen Schutzhülle vor. Wer trennt sich von wem? Welche Trennungsformen gibt es überhaupt in Unternehmen und Organisationen?

Sichtbar und öffentlich ist die Trennung von Abteilungen, Bereichen oder Tochterfirmen meist im Rahmen größerer betrieblicher Veränderungen. Es gibt jedoch wesentlich öfter kleinere und damit unauffällige interne oder externe Trennungen. Darauf liegt der Schwerpunkt dieses Buches.

Anlässe und Auslöser kommen in jedem Unternehmen zur Genüge vor: Die Trennung von einzelnen Mitarbeitern aus betrieblichen, persönlichen oder verhaltensbedingten Gründen als betriebliche Einzelmaßnahme ist die bekannteste und die häufigste. Getrennt wird jedoch auch intern, sei es durch ein abruptes Projektende oder durch die Auflösung eines langjährigen Teams. Die kurzfristig wirksame Trennung von der Geschäftsführung gehört dazu. Der überraschende Tod von Kollegen, Vorgesetzten, Mitarbeitern oder der Firmenleitung ist eine besondere Art der Trennung: Still, verstörend, und endgültig.

Welche Trennungssituationen gibt es in Unternehmen?

a) **Einzelne Mitarbeiter/innen**
   – Betriebliche Einzelmaßnahmen wie Kündigung durch das Unternehmen
   – Trennung durch einen Aufhebungsvertrag
b) **Teams und Projekte**
   – Auflösung eines langjährigen Teams
   – (Stillschweigender) Projektabbruch
c) **Schließung von Bereichen, Betriebsteilen oder Tochtergesellschaften**
   – Insolvenz, Schließung und Abwicklung
   – Restrukturierung und Sanierung, Unternehmensverkauf
     Wegen ihrer nicht nur arbeitsrechtlichen Komplexität sind diese kollektiven Trennungen nur am Rande Thema dieses Buches.
d) **Geschäftsführung, Inhaber, Führungsebene**
   – Trennung von der Geschäftsführung
   – Inhaber oder Inhaberin geht in den Ruhestand oder fällt schwer krank aus
   – Eine Führungskraft „wird gegangen"
e) **Todesfall im Unternehmen**
   – Tod von Kollegen, Mitarbeitern, Vorgesetzten oder Firmeninhabern

Abb. 2.1 „Bewegte" Stakeholder, die von einer Trennung betroffen sein können

Betriebliche Trennungsprozesse im Unternehmen betreffen Einzelpersonen sowie verschiedene Anspruchsgruppen (Stakeholder). Ein Unternehmen als komplexes soziales System kommt bereits bei einer einfachen, überschaubar wirkenden Einzelmaßnahme an vielen Stellen in Bewegung.

Das „System Unternehmen" reagiert wie ein Mobile, das ins Schwingen gerät, wenn dabei eine Position bewegt wird. Abb. 2.1 zeigt ein Beispiel für „bewegte" Stakeholder einer Trennung. Im Abschn. 6.1 erfahren Sie mehr über die Bedürfnisse einzelner beteiligter Stakeholder in Trennungsprozessen.

Abschn. 4.4 wirft einen Blick auf zwei besonders betroffene Anspruchsgruppen, die direkten Vorgesetzten und die Zurückbleibenden im Unternehmen.

2.2   Beispiele für Trennungsszenarien – Teil 1

Von *„Bad Practice"* zu *„Better Practice":* Die folgenden Trennungsgeschichten haben sich so oder ähnlich tatsächlich abgespielt. Im Abschn. 4.5 folgt der zweite Teil dieser Trennungsszenarien.

Im Mitarbeitergespräch: Die Mitarbeiterin rutscht unruhig auf ihrem Platz herum. Sie ahnt, was auf sie zukommt: Dass sie hier nicht mehr gebraucht wird. Sie wird ihren Platz im Betrieb verlieren. Ihr Arbeitgeber wird sich von ihr trennen. Ihr Vorgesetzter hat das Gespräch kurzfristig an die Personalabteilung delegiert. Er sagt, er könne einfach nicht mit ihren Gefühlen umgehen: „Am Ende heult sie noch. Was mache ich dann?" Er ist jetzt erst einmal abgetaucht, bis die Wogen sich glätten. Die gesprächsführende Personalmitarbeiterin fühlt sich nicht wirklich verantwortlich.

Der Projektabbruch. „Ich fasse es nicht! Gerade habe ich gehört, dass unser Projekt von der Firmenleitung abgebrochen wurde. Monatelang haben wir geschuftet, uns zusammengerauft und dabei versucht, engste Vorgaben pünktlich umzusetzen. Wir wussten, das kriegen wir hin. Es hätte nur noch ein wenig Zeit gebraucht. Jetzt wurde unser Projekt kaltgestellt. Die Umstrukturierung setzt wohl neue Prioritäten. Keiner redet mit uns darüber. Eine Abnahme gibt es nicht. Als ob unser Projektteam nie existiert hätte. Wir hatten so hoffnungsvoll begonnen...".

Ein Todesfall: „Gestern noch habe ich mit dem langjährigen Kollegen in der Kantine geplaudert. Alles war wie immer, ganz normal. Heute ist sein Büro leer, ohne Hinweis darauf, was geschehen ist. Es heißt, er sei in der Nacht verstorben. Das kann ich nicht glauben. Wer weiß, was passiert ist? Und wenn es wahr sein sollte, wo und wie kann ich mich von ihm verabschieden?".

Diese Beispiele liefern bereits erste Hinweise für einen sinnvollen Umgang mit Trennungen:

- Trennungsgespräche zu führen gehört zum Verantwortungsbereich von Führungskräften
- Trennungsprozesse laufen nicht einfach ab. Wie auch andere Prozesse im Unternehmen müssen sie auf Basis eines professionellen Projektmanagements organisiert werden
- Die Trennungskommunikation sollte wertschätzend, klar und rechtzeitig ablaufen
- Unterschiedliche, oft widersprüchliche Emotionen aller Beteiligten kommen ins Spiel.

Trennungsprozesse und -gespräche beschränken sich nicht auf die Sachebene. Das nächste Kapitel zeigt, wie man Emotionen in Trennungsprozessen wahrnimmt und versteht.

Exkurs I: Emotionen in Trennungsprozessen verstehen

3.1 Emotionen im Arbeitsalltag

Unternehmen werben inzwischen im Recruiting unter dem Stichwort Arbeitgeberattraktivität offensiv mit ihrer Kultur und ihren Werten. Keine Stellenanzeige, keine Selbstdarstellung in den sozialen Medien und keine Homepage ohne expliziten Bezug auf die Unternehmenskultur. Werte wie Glaubwürdigkeit, Respekt, Vertrauen, Fairness, Teamgeist, Verantwortung etc. werden als kulturelles Rückgrat beschworen. Von der Belegschaft erwartet der Arbeitgeber deshalb nicht nur fachliche Fähigkeiten und soziale Kompetenzen, sondern auch ein hohes persönliches Engagement. Dafür braucht es eine gute intrinsische Motivation, gepaart mit ausreichend Begeisterungsfähigkeit. Ohne innere Beteiligung ist kein Mensch zu motivieren und zu bewegen. Gelingende Zusammenarbeit braucht Menschen, die in echtem Kontakt mit sich selbst, mit Arbeitskollegen und Vorgesetzten stehen. Diese Sichtweise ist noch gar nicht so alt.

Immer noch gehen manche betriebswirtschaftlichen Modelle davon aus, dass sich Menschen im Arbeitsleben „auf der Sachebene" und damit in einem rein funktionalen Raum aufhalten. Dieser Raum ist geprägt von nüchterner Aufgaben- und Pflichterfüllung. Je höher der Raum in der Hierarchie, desto kälter die Temperatur. Diese faktengetriebene Sicht auf das Miteinander zeigt sich in teilweise immer noch herrschenden Glaubenssätzen (Abb. 3.1).

Angelika Leder, Executive Coach mit dem Fokus auf zahlenorientierte Manager, stellt in ihrem Buch „Wie Zahlenmenschen ticken" (Leder 2012, S. 79) fest:

„Zahlenorientierte Manager wissen zwar, dass sich jedes Handeln auf der Sach- und der Beziehungsebene auswirkt, aber sie handeln oft nicht danach. Sie unterschätzen die Mehrdeutigkeit von Kommunikation und die Bedeutung von Empathie. Viele Zahlenorientierte haben die unbewusste Grundannahme, dass

© Springer Fachmedien Wiesbaden 2017
K. Wurth, *Trennungsmanagement in Unternehmen*, essentials,
DOI 10.1007/978-3-658-15382-3_3

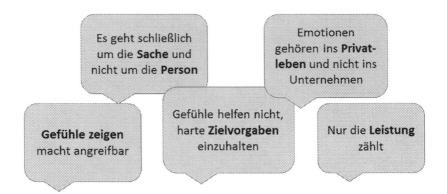

Abb. 3.1   Glaubenssätze zu Emotionen im Berufsalltag

Emotionen nicht ins Unternehmen gehören. Diese Annahme ist kontraproduktiv.
Wer Emotionen aus Unternehmen heraushalten will, kann an ihnen scheitern."

Emotionen in krisenhaft erlebten „Gefahrmomenten" im Unternehmen, wie sie Trennungen oder Veränderungsprozesse sein können, sollten bei der Gestaltung von Trennungen unbedingt berücksichtigt werden. Dies gilt für alle Beteiligten, auch für die Ausführenden und für die, die zurück bleiben. Auf diese, Führungskräfte und Verbleibende, geht Abschn. 4.4 näher ein.

3.2   Emotionen in Veränderungs- und Trennungsprozessen

Zwei Modelle helfen, Emotionen von Beteiligten (Abb. 3.2) in Veränderungsprozessen besser zu verstehen. Die „Wechselbäder der Gefühle", stark schwankende Emotionen in kurzer Zeit, treten beispielsweise auch in beruflichen Krisen-, Abschieds- und Trauerprozessen auf.

Die Krisenspirale von Erika Schuchardt
Erika Schuchardt, eine deutsche Soziologin und Psychologin, macht mit ihrem Phasenmodell Emotionen in persönlichen Trauer- und Krisensituationen sichtbar (vgl. Schuchardt 2003). Das Modell basiert auf drei Hauptstadien, in denen sich acht emotionale Grundzustände spiralförmig entwickeln (Abb. 3.3). Dabei kann es immer wieder zu Rückschritten und Richtungswechseln kommen.

hilflos
enttäuscht **gelähmt**
versteinert
verunsichert
alleingelassen
aggressiv
frustriert
zornig
verlassen
ratlos
überrascht **ohnmächtig** **erwartungsvoll** **deprimiert** **neugierig** **wütend** **geschockt** **traurig** **ängstlich hektisch** **abgespalten** **ausgeliefert**

Abb. 3.2 Die Bandbreite von Emotionen in Trennungssituationen

Das **Eingangsstadium:** Von der Ungewissheit zur Gewissheit. Am Anfang steht der Schock, der vor intensiven, schmerzlichen Gefühlen schützt. Einerseits besteht das Bedürfnis nach Klarheit, andererseits sind jetzt Entlastung und Ruhe wichtig.

Das **Durchgangsstadium:** Von der Aggression zur Depression. Intensive Gefühle steigen jetzt an die Oberfläche. Das Bedürfnis nach Kampf und Widerstand wird über eine innere Verhandlungsphase vom Bedürfnis nach Akzeptanz abgelöst.

Das **Zielstadium:** Von der Annahme zu Aktivität und Solidarität. Hier beginnt eine Wiedereinbindung in die soziale Welt. Der Blick wird stärker auf Gegenwart und Zukunft gerichtet. Das Bedürfnis nach Aktivität lässt jetzt Unterstützung von außen leichter zu.

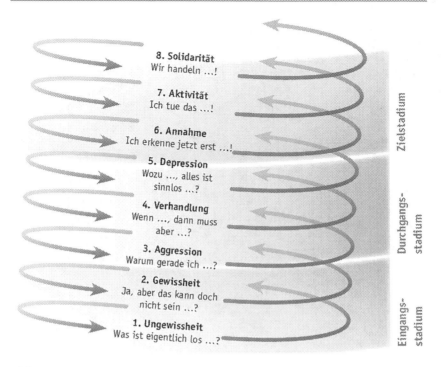

Abb. 3.3 Krisenspirale nach Erika Schuchardt

Für die Betroffenen macht es deshalb Sinn, wenn

- anfänglicher Ungläubigkeit mit Klarheit begegnet wird, indem Geschäftsführung und Führungskraft konsequent signalisieren, dass sie hinter der Veränderung stehen.
- Ihre starken Emotionen wie Wut und Aggression gehört, gesehen und respektiert werden.
- bestehende, oft unterschwellige Ängste nicht klein- oder ausgeredet, sondern durch eine klare Kommunikation und bewertungsfreies Zuhören angenommen werden.

Die 4 Zimmer der Veränderung

Dieses anschauliche Modell des Schweizer Beraters Hansueli Eugster beherbergt im „Haus der Veränderung" vier unterschiedliche Phasen (Abb. 3.4). Jede Phase

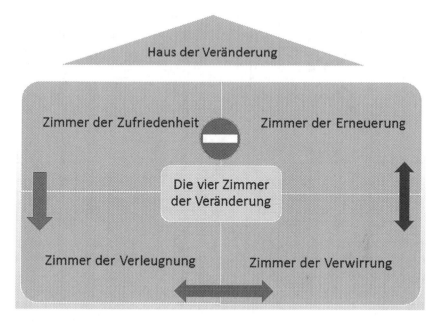

Abb. 3.4 Die vier Zimmer der Veränderung

wird durch ein Zimmer mit den damit einher gehenden Emotionen im Laufe des Veränderungsprozesses dargestellt.

Vom Ausgangspunkt, dem **Zimmer der Zufriedenheit,** führt keine Abkürzung zum Ziel, dem **Zimmer der Erneuerung:** Veränderung braucht Zeit.

Der Weg führt zuerst ins **Zimmer der Verleugnung.** Damit geht eine Phase des Nicht-Wahrhaben-Wollens und der Nicht-Akzeptanz einher. Die Mitarbeiter behalten ihre Arbeitsabläufe und Routinen bei. Dieses Zimmer ist sowohl von Passivität und Ungläubigkeit wie auch von Kampf und Widerstand geprägt.

Das **Zimmer der Verwirrung** fordert viele Menschen besonders heraus. Allmählich realisieren sie die Veränderung. Der Weg zurück ist versperrt. Ihr Wunsch nach Klarheit und Sicherheit kann (noch) nicht erfüllt werden. Die Tür zum Raum der Erneuerung scheint (noch) geschlossen zu sein. Emotionales Chaos herrscht. Wut bricht sich seine Bahn. Organisatorisches Chaos verstärkt den Eindruck von Kontrollverlust. Hier liegt der emotionale Tiefpunkt des Veränderungsprozesses.

Besonders belastet ist, wer zwischen Verleugnung und Verwirrung schwankt. Statt endlich vorwärts zu kommen, überwiegt der Eindruck, immer wieder zurückgeworfen zu werden. Die Sehnsucht wächst, sich dem **Zimmer der Erneuerung** zu nähern. Nach und nach wächst die Einsicht, nicht mehr in das alte Leben zurück zu können. Dank der Bereitschaft, wieder etwas Neues oder das Neue ausprobieren zu wollen, werden die ersten Schritte der Erneuerung gemacht. Erste Erfolge und damit das Bewusstsein, wieder handlungsfähig(er) zu sein, stellen sich ein. Wachsende Souveränität zieht nach und nach neue Routinen mit sich. Eine veränderte Normalität entsteht.

Das Modell eignet sich hervorragend für Gruppen oder Teams. Die Zimmer können auf dem Boden ausprobiert und einzeln durchschritten werden. Betroffene „sehen" dadurch, wo sie selbst und wo andere stehen. Teammitglieder, die nach außen ähnlich von Veränderungen betroffen sind wie ihre Kollegen, halten sich nicht zwangsläufig im gleichen Zimmer auf.

Diese tröstliche Erkenntnis wirkt insbesondere auf einzelne „Abweichler" entlastend. Sie zeigt die Vielfalt der emotionalen Wetterlage im Team auf und kann im Rahmen einer Teamentwicklung gut zur Stabilisierung genutzt werden. Dies gilt für Teamauflösungen oder Projektabbrüche genauso wie auch für die Gruppe der im Unternehmen Verbleibenden (s. Abschn. 4.4).

Wie Führungskräfte Emotionen ihrer Mitarbeiter und Teams einbinden können

a) Gute **Lernerfahrungen** machen lassen, die das Kompetenzerleben stärken

b) Mit **Widerstand** produktiv umgehen und immer wieder in Begegnungsräume einladen, statt mit Druck zu reagieren. Widerstand ist ein starkes Zeichen für innere Bewegung.

c) Gemeinsame **Stabilitätsanker** als Inseln der Sicherheit in der Veränderung schaffen

3.3   Die Gestaltung des Abschieds

Rituale unterstützen Veränderungen

Der Begriff „Ritual" im Unternehmenskontext befremdet auf den ersten Blick. Laut Wikipedia[1] ist ein Ritual „eine nach vorgegebenen *Regeln* ablaufende, meist

---

[1]Wikipedia, abgerufen 27.06.2016: https://de.wikipedia.org/wiki/Ritual.

formelle und oft feierlich-festliche Handlung mit hohem *Symbolgehalt"*. Was haben Rituale in Unternehmen zu suchen?

Top Management Coach Dorothee Echter hat ein Buch über Rituale im Management geschrieben. Sie plädiert dafür, Gefühlen der Trauer und Loslösung einen Platz zu geben:

„Ein Neustart ohne Würdigung des Alten und ohne Abschied wird nur mit halber Kraft gefahren. Wenn das Alte emotional nicht erledigt ist, wird es zur seelischen Altlast" (Echter 2003, S. 133).

Rituale begleiten, oft unauffällig, Phasen der Veränderung. Sie schaffen in unsicherem Fahrwasser ein Gefühl der Verbundenheit. In jedem Unternehmen existieren zahlreiche Rituale, die als solche nicht immer bewusst wahrgenommen werden. Sie sind wichtig, weil

- sie perfekt in den betrieblichen Alltag integriert sind
- sie gelebt werden können, ohne groß darüber sprechen zu müssen
- ihre Verlässlichkeit und Berechenbarkeit Sicherheit schafft
- manche Rituale Kulturelemente aus früheren Firmengenerationen sind, deren Ursprung nicht mehr bekannt ist, die aber immer noch Kraft und Zusammenhalt geben

Rituale können Sicherheit in der Veränderung geben, wenn die berufliche Heimat oder der eigene Platz im Unternehmen bedroht ist. Jede Form von Abschied ist ein Ritual.

Abschiedsgestaltung

Abschied im Unternehmen muss sichtbar und fühlbar sein. Das ist nicht selbstverständlich. Wer selbst von einer Trennung betroffen ist, mag sich vielleicht gar nicht persönlich verabschieden. Frust, Wut und Ernüchterung überlagern den Wunsch nach einem Abschied. Dies kann für einzelne Mitarbeiter wie für Teams und größere Gruppen gelten. Leichter wäre es, die Arbeit einfach zu beenden („hinzuschmeißen"), Projekte zu übergeben, den Schreibtisch zu räumen und endlich hinauszugehen. Je schmerzhafter und langwieriger der Trennungsprozess, desto nachvollziehbarer.

Dieses *abschiedslose Gehen* ist zwar kurzfristig verständlich, schadet mittel- und langfristig jedoch allen Beteiligten. Wer so geht, hat keinen guten Abschluss finden können und dürfte noch lange mit der Trennung hadern. Wer zurück bleibt, fühlt sich zurück gelassen, vielleicht sogar *verlassen*. Was fehlt, ist die Rundung, die abschließende Klammer zwischen Kollegen, ihren Beziehungen und ihrer gemeinsamen Arbeit. Gute Abschiede erleichtern zudem den bevorstehenden Neuanfang.

Niemand darf in ein Abschiedsszenario gezwungen werden. Vorgesetzte und Kollegen in Team oder Abteilung können jedoch mit einem niedrigschwelligen Abschiedsangebot einiges tun, um den Getrennten (und sich selbst) ein gutes Ende anzubieten. Sie können.

- Bedauern äußern (Balsam für die Seelen aller, wenn es echt ist)
- die geleistete Arbeit und die Erfolge explizit benennen und würdigen
- ihren Dank aussprechen für die gute kollegiale Zusammenarbeit
- auf die gemeinsame Geschichte zurückblicken
- ein schlichtes Abschiedsszenario anbieten oder unterstützen, zum Beispiel in einer sowieso stattfindenden Teambesprechung
- Streit und alte Konflikte beenden – gilt es, sich zu entschuldigen oder zu verzeihen?
- ihre guten Wünsche ehrlich und aufrichtig mitgeben

Der Abschied kann je nach Situation mit der gesamten Belegschaft oder innerhalb einer Abteilung gefeiert werden. Vielleicht wird er auch nur für das eigene Team oder Projekt gestaltet. Wer so ganz ohne Abschiedsgeste gehen will, weil Kränkung oder Wut dominieren, könnte am letzten Arbeitstag eine Karte mit guten Wünschen, ein Strauß Blumen oder eine Flasche Wein auf dem Schreibtisch vorfinden.

Es braucht die Rituale des Abschieds, um Neues beginnen und – zumindest unter bestimmten Aspekten – doch noch halbwegs versöhnlich „im Guten gehen" zu können (Abb. 3.5).

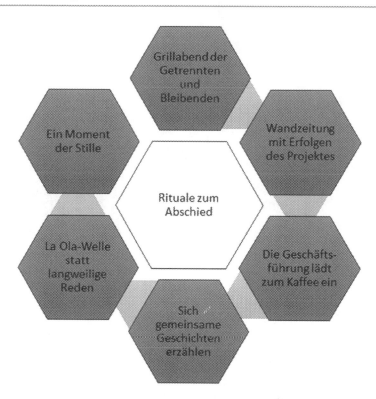

Abb. 3.5   Ideen für kleine Rituale

Trennungsprozess und Trennungsgespräch

4

4.1 Trennungsprozesse gestalten

Trennungsgespräche sind sinnvollerweise *immer* in einen professionellen Trennungsprozess eingebettet. Das Gelingen hängt von Faktoren wie Vor- und Nachbereitung sowie Zusammenarbeit aller Beteiligten ab. Der Gesprächsverlauf selbst, insbesondere die Qualität des Gesprächs und der Beziehung, kann einen Menschen tiefer berühren (und stärker verstören) als die Tatsache der Trennung selbst. Deshalb spielt das „Wie", die Art und Weise, wie die Trennung vollzogen wird, eine so große Rolle. Das „Wie" ist verbunden mit dem „Wer":

Wer verantwortet die Entscheidung?
Meist wird dies, außer in kleinen Betrieben, nicht der oder die direkte Vorgesetzte sein. Wer entscheidet (Unternehmer, Vorstand, Geschäftsführung oder Management Board), sollte deshalb schon vor der Entscheidung im Gespräch mit der entsprechenden Führungskraft sein. Deren frühzeitige Einbindung liegt ebenfalls in der Verantwortung der Entscheider (siehe Abschn. 4.4).

> Bereits *mit* der Trennungsentscheidung und *vor* dem tatsächlichen Beginn des Trennungsprozesses werden die wichtigsten Fragen für einen gelingenden Trennungsprozess geklärt:
>
> - Was sind Anlass und Grund der Trennung?
> - Welches Ziel soll damit erreicht werden?
> - Wer übernimmt im Trennungsprozess welche Verantwortung?
> - Wer steuert diesen?

© Springer Fachmedien Wiesbaden 2017
K. Wurth, *Trennungsmanagement in Unternehmen*, essentials,
DOI 10.1007/978-3-658-15382-3_4

- Welche bestehenden Leit- oder Richtlinien müssen berücksichtigt werden?
- Wer agiert in welcher Rolle bzw. Funktion?
- Wer übernimmt welche Aufgabe?
- Welchen zeitlichen Rahmen gibt es?

Wer steuert den Prozess?
Die Geschäftsführung eines kleinen Unternehmens wird dies selbst übernehmen. Mittlere und größere Betriebe haben die Möglichkeit, die Prozesssteuerung an Vorstand oder Management Board, aber auch an Personalleitung oder Stabsstelle Organisationsentwicklung zu delegieren. Wer den Prozess steuert, wird frühzeitig mit den nötigen Informationen versorgt und sollte über genügend Steuerungsmacht, soziale Kompetenz und ausreichende Prozesserfahrung verfügen.

Wer übernimmt die Kommunikation?
Wer stimmt sich mit den Beteiligten schnell, präzise, lautlos und möglichst einvernehmlich ab? Wie lautet die Sprachregelung nach innen und außen? Welche Kommunikationskanäle werden bedient? Eine alleine gelassene PR-Stelle im Unternehmen reicht dazu nicht aus. Wer wann welche Informationen bekommt, ist nicht nur arbeitsrechtlich ein heikler Punkt. Im Abschn. 6.2 finden Sie einige praktische Hinweise zur Kommunikation und zum Wording bei Trennungsprozessen.

Wer führt welche Gespräche?
Das Trennungsgespräch selbst wird von der direkten Führungskraft geführt. Bei Folgegesprächen sind je nach Sachlage Betriebs- und Personalrat, HR oder auch ein Arbeitsrechtsexperte beteiligt. Diese Aufgaben und Verantwortlichkeiten sind frühzeitig, am besten direkt mit der Entscheidung selbst, festzulegen. Ein vorausschauendes Unternehmen schafft sich dazu einen Workflow.

Betriebliche Interessenvertretung
Sind die arbeitsrechtlichen Voraussetzungen klar? Wird der Betriebsrat im Rahmen des Gesetzes eingebunden, und wird er in einer vertrauensvollen Zusammenarbeit als wichtiger Stakeholder aktiv mitgenommen? Fungiert die betriebliche Interessenvertretung als Anwalt der Belegschaft und/oder als Sparringspartner der Geschäftsführung? Werden gesetzliche Corporate Governance-Regeln eingehalten und Betriebsvereinbarungen berücksichtigt? Arbeitsrechtliche Regelungen

und damit Pakete für individuelle oder kollektive Trennungen (Aufhebungsvertrag, Interessenausgleich und Sozialplan) sind bereits im Rahmen der Entscheidungsfindung zu berücksichtigen.

Die **betriebliche Interessenvertretung** kommt in einem Unternehmen mit gut funktionierender Sozialpartnerschaft und einer Haltung gegenseitiger Akzeptanz frühzeitig und vertrauensvoll ins Spiel. Eine Erörterung arbeitsrechtlicher Aspekte ist nicht Zweck dieses Buches. Deshalb wird auf Rolle und Funktion der betrieblichen Interessenvertretung im Rahmen eines Trennungsprozesses nur am Rande eingegangen. Eine eigene Publikation dazu wäre sinnvoll.

Grundüberlegungen zu Trennungsprozessen

- Wille und Bereitschaft des Unternehmens, einen professionellen Trennungsprozess zu gestalten, sind die wichtigsten Voraussetzungen überhaupt
- Trennungsgespräche sind immer eingebettet in einen gesteuerten Trennungsprozess
- Trennungsprozesse benötigen ein professionelles, gut organisiertes Projektmanagement
- Aus organisatorischer Sicht sind bereits existierende Checklisten oder Workflows für die entsprechenden betrieblichen Abläufe und deren Reproduzierbarkeit sinnvoll
- Die direkten Vorgesetzten sind – ob bei Kündigung, Projektabbruch oder Schließung eines Teams oder einer Abteilung – ein entscheidender Faktor für die Qualität des Prozesses
- Deshalb ist es wertvoll, wenn sich Führungskräfte im Rahmen ihrer Weiterentwicklung mit Trennungsgesprächen bereits beschäftigt und Gesprächssituationen geübt haben
- Eine unterstützende Funktion der Personalabteilung im Trennungsprozess als interner Coach oder Moderator nutzt allen Beteiligten
- Zu viel Vorbereitung kann es nicht geben. Nachbessern und „heilen" schadet nur
- Trennungsprozesse bestehen aus den Phasen Entscheidung, Vorbereitung, Trennungsgespräch/e sowie Nachbereitung (Abb. 4.1). Jede Phase wird von der jeweils angemessenen Kommunikation begleitet

Abb. 4.1 Phasen eines Trennungsprozesses

4.2   Rahmenbedingungen und Voraussetzungen

Die Entscheidung für die Trennung ist gefallen:
Die entsprechenden Stakeholder (siehe Abschn. 6.1) wurden im Vorfeld
der Entscheidung rechtzeitig einbezogen. Sie tragen die Entscheidung und
Umsetzung mit. Dies bedeutet nicht, dass alle mit der Maßnahme einver-
standen sein müssen. Beteiligte Stakeholder können sein

- Die von der Trennung Betroffenen selbst
- Direkte Vorgesetzte; Projektleitung etc.
- Abteilungs- oder Bereichsleitung
- Geschäftsführung, Vorstand, Management Board
- Unternehmenskommunikation
- Betriebsrat und Anwälte

Verantwortlichkeiten, Aufgaben und Rollen wurden verteilt:
Zeitliche Logik und organisatorischer Ablauf liegen fest. Falls es ein finan-
zielles Paket gibt, wurden dessen Eckdaten festgelegt. Dies gilt ebenso für
unterstützende Maßnahmen wie Out- bzw. Newplacement, Coaching oder
Personal- bzw. Teamentwicklung

Interne und externe Sprachregelungen liegen fest:
Das Wording, die Benennung der Trennung nach innen und außen, wird vom
unternehmerischen Wunsch getragen, sich *fair* zu trennen und einen *würdigen* Abschied zu bereiten. Diese Grundhaltung auf Basis der Unternehmenswerte muss sich in der Sprachregelung in Benennungen wie „bedauern",
„danken", „wünschen", „würdigen" (siehe Abschn. 4.5) unbedingt spiegeln.

Idealerweise liegen folgende Checklisten bereits vor:

- Ein organisatorisches Ablaufschema: Wer – wann – was – wo – wozu?
- Ablauf und Abstimmung der internen/externen Kommunikation mit Sprachregelung
- Muster für Vorbereitungsgespräche zwischen Vorgesetztem und HR sowie BR
- Ein Leitfaden zum eigentlichen (ersten und ggfs. zweiten) Trennungsgespräch
- Ein Leitfaden „Ein gutes Ende finden" (Einzelne, Teams, Projekte, Bereiche)

Unterstützungsmöglichkeiten:
Interne und externe Unterstützung wurde organisiert und kann abgerufen werden. Ihr Fokus liegt auf der Unterstützung besonders belasteter, direkt von der Trennung Betroffener oder beteiligter Stakeholder. Externe Fachleute können dabei parallel zu internen Ansprechpartnern wie HR, dem Betriebsrat oder besonders geschulte Mitarbeiter hinzu gezogen werden. Idealerweise existieren im Unternehmen bereits bewährte Rituale zur Abschiedsgestaltung (siehe Abschn. 4.5).

Die Rahmenbedingungen des Trennungsgesprächs liegen fest:

- Was ist das Ziel des Gesprächs, und was der Inhalt?
- Wo findet das Gespräch statt, und wo besser nicht?
- Wann und in welcher Umgebung wird es geführt (Zeit, Ungestörtheit, Nichteinsehbarkeit)?
- Welche Ressourcen werden benötigt und welche Unterlagen?
- Wer führt das Trennungsgespräch, und wer führt es nicht?
- Wer ist bei einem Folgegespräch dabei, in welcher Funktion und zu welchem Zweck?
- Welche Befugnisse hat der/die Gesprächsführende?
- Wie lautet die Trennungsbotschaft, und wann im Gespräch wird sie geäußert?
- Wie lange dauert ein (erstes) Trennungsgespräch?
- Wer steht zur Unterstützung der/des Betroffenen nach dem Gespräch zur Verfügung?
- Wie geht es nach dem Trennungsgespräch weiter?

4.3 Das Trennungsgespräch

Vorbereitung

Folgende Fragen zur persönlichen Vorbereitung der/des gesprächsführenden Vorgesetzten sind neben der inhaltlichen und organisatorischen Vorbereitung sinnvoll. Dabei geht es nicht nur um die sachliche, sondern um die individuelle Vorbereitung.[1]

Fragen zu Rolle und Auftrag	Fragen zur Selbstklärung
• Bin ich der richtige Gesprächspartner?	• Sachinhalt: Was habe ich meinem Geschäftspartner zu sagen?
• Welchen Rahmen und welche Kompetenzen habe ich (was darf ich)?	• Selbstkundgabe: Was zeige **ich von mir?**
• Wann und wie spreche ich die Gesprächseinladung aus?	• Beziehung: Was habe ich **meinem Geschäftspartner** zu sagen?
• Was soll im ersten Gespräch nicht oder noch nicht angesprochen werden?	• Appell: Was ist mein Ziel? Was will ich beim Geschäftspartner **erreichen?**
Fragen zum Gesprächspartner	**Fragen zur eigenen Haltung**
• Was weiß ich von meinem Gesprächspartner, und was ist ihm/ihnen wichtig?	• **Stärkung:** Eigene positive Erfahrungen im Umgang mit schwierigen Gesprächen
• Was könnte im Gespräch in ihm oder ihr vorgehen, und wie bemerke ich das?	• **Selbstverantwortung:** Eine Führungskraft ist weder Opfer, noch Verfolger, noch Retter
• Wie kann ich gut mit unseren Emotionen umgehen und dabei für mich sorgen?	• **Umfeld:** Wie sieht mein Umgang mit Teammitgliedern oder Kollegen aus?

Das Trennungsgespräch

Das Trennungsgespräch kann recht kurz ausfallen. Fünfzehn bis zwanzig Minuten für Beginn, Trennungsbotschaft und Rückfragen sind meist ausreichend. Möglicherweise braucht es bei starken Emotionen oder vielen Nachfragen mehr Zeit. Diese sollte auf jeden Fall eingeplant werden. Für das Besprechen von Details und Rückfragen, die sich auf ein Trennungspaket beziehen, sollte immer ein

---

[1]Eine gute Informationsquelle, wie situationsgerechte Kommunikation gelingen kann und welche Voraussetzungen sie benötigt, ist das bekannte Kommunikationsquadrat von Friedemann Schulz von Thun (vgl. Schulz von Thun 1981).

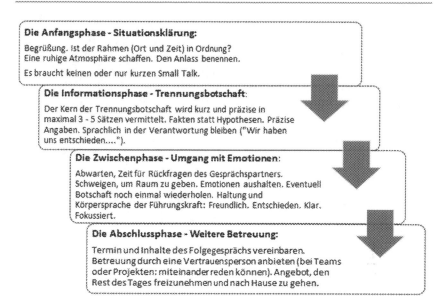

Die Anfangsphase - Situationsklärung:
Begrüßung. Ist der Rahmen (Ort und Zeit) in Ordnung?
Eine ruhige Atmosphäre schaffen. Den Anlass benennen.
Es braucht keinen oder nur kurzen Small Talk.

Die Informationsphase - Trennungsbotschaft:
Der Kern der Trennungsbotschaft wird kurz und präzise in
maximal 3 - 5 Sätzen vermittelt. Fakten statt Hypothesen. Präzise
Angaben. Sprachlich in der Verantwortung bleiben ("Wir haben
uns entschieden....").

Die Zwischenphase - Umgang mit Emotionen:
Abwarten, Zeit für Rückfragen des Gesprächspartners.
Schweigen, um Raum zu geben. Emotionen aushalten. Eventuell
Botschaft noch einmal wiederholen. Haltung und
Körpersprache der Führungskraft: Freundlich. Entschieden. Klar.
Fokussiert.

Die Abschlussphase - Weitere Betreuung:
Termin und Inhalte des Folgegesprächs vereinbaren.
Betreuung durch eine Vertrauensperson anbieten (bei Teams
oder Projekten: miteinander reden können). Angebot, den
Rest des Tages freizunehmen und nach Hause zu gehen.

Abb. 4.2 Phasen des Trennungsgesprächs

zweites Gespräch kurz danach, z. B. am Folgetag, festgelegt werden. Ein (erstes) Trennungsgespräch ist definitiv nicht dazu da, am Ende eine Unterschrift oder eine schriftliche Zusage, oder bei Teams eine gemeinsame Selbstverpflichtung zu bekommen (Abb. 4.2).

Nachbereitung und Folgegespräch
Die Dokumentation des Gesprächs, dessen Ergebnis und der Übergabe von Unterlagen ist selbstverständlich. Mit dem Personalbereich und dem eigenem Vorgesetzten findet die Abstimmung der weiteren Schritte und des Folgegesprächs statt. Geschäftsführung und Betriebsrat sind informiert bzw. beteiligt. Und, was oft vergessen oder unterschätzt wird, die direkten Mitarbeiter oder Kollegen werden – in voriger Abstimmung mit dem oder den Betroffenen – mit dem entsprechenden Wording informiert. Weiterhin wird das Folgegespräch organisiert.

Das Folgegespräch bietet Raum und Gelegenheit für

- Detailliertes Besprechen (und ggfs. Verhandeln) des Angebots bzw. des Trennungspakets
- Bei Projekten und Teams: Rückfragen der Teammitglieder, um einen gleichen Informationsstand zu gewährleisten
- Vereinbarungen zu Dokumentation, Übergabe, Freistellung
- Erste Vorschläge zur Gestaltung des Abschieds – Achtung, dies kann noch zu früh sein!
- Die Einbindung von Trennungen von Teams oder Bereichen in einen Change-Prozess
- Die Dokumentation des aktuellen Standes und der weiteren Aufgaben bzw. Schritte

Wann misslingen Trennungsgespräche (vgl. Abb. 4.3)?

- Bis auf die nackte Trennungsbotschaft fällt das Gespräch aus
- Die Trennungsbotschaft wird spontan zwischen Tür und Angel geäußert
- Die Führungskraft ist im Gespräch unsicher und übernimmt aus Mitgefühl und falscher Solidarisierung keine Verantwortung, sondern signalisiert „ich verstehe das ja auch nicht"
- Die Führungskraft überspielt Angst oder Unsicherheit mit unterkühlter Rationalität
- Die Führungskraft reagiert selbst emotional, indem sie beschwichtigt, Gefühle ausredet, sich verbrüdert oder schmeichelt
- Sie erweckt den Eindruck, noch etwas gegen die Trennung bewirken zu können
- Um die Trennung zu rechtfertigen wird das Gespräch dazu missbraucht, alte Rechnungen zu begleichen und Schuldzuweisungen für Fehler und Konflikte zu suchen
- Wegen Versäumnissen in der bisherigen Kommunikation zwischen Mitarbeiter und Führungskraft stößt die Trennungsbotschaft auf völliges Unverständnis
- Das Gespräch wird von der falschen Person geführt

Abb. 4.3 So misslingen Trennungsgespräche

4.4 Besonders betroffen: Vorgesetzte und Zurückbleibende

Direkte Vorgesetzte: Abtauchen, wenn es Probleme gibt?
Der angemessene Umgang mit Trennungen und Abschieden fordert besonders **Führungskräfte** heraus. Sie sind aktiv in den Trennungsprozess eingebunden und führen das Trennungsgespräch selbst. Sie müssen während und nach der Trennungsphase ihr restliches Team, die Verbleibenden, weiterhin motivierend führen und weitere Veränderungsprozesse engagiert mitgestalten. Die an einem Trennungsprozess beteiligte Führungskraft

- führt Trennungsgespräche selbst, oft alleine, und meist nur mit kurzer Vorbereitung
- muss weiter konstruktiv mit den Zurückbleibenden umgehen
- sollte diesen Halt und Sicherheit geben, ohne selbst zu wissen, wie es weiter geht
- will nicht, dass Trennungen Chaos auslösen, da der normale Arbeitsalltag weiter geht
- hat die Entscheidung zur Trennung oft nicht selbst getroffen und setzt im ungünstigsten Fall loyal einen Beschluss um, den sie nicht nachvollziehen kann

Die Beteiligung am Trennungsprozess und die Verantwortung für das Trennungsgespräch fordert direkte Vorgesetzte stark heraus. Ein Selbstbild als leistungsfähiger und kompetenter Problemlöser kann mit uneingestandenen, unbewussten Ängste kollidieren. Führungsversäumnisse und mangelnde Kommunikation mit Mitarbeitern – ob im Arbeitsalltag oder beim Mitarbeitergespräch – zeigen sich jetzt. Im Trennungsgespräch kann dies zum gegenseitigen „Nachkarten" eskalieren. Bisherige Führungsversäumnisse verschlechtern somit die Voraussetzungen dafür, dass beide Seiten die Trennung zwar als hart, aber auch als anständig empfinden. Wie können Vorgesetzte ihre Aufgabe im Trennungsgespräch gut lösen? Welche Fallstricke sollten sie dabei vermeiden?

Gute Führung setzt gute Selbstführung voraus. Ohne die eigene Selbststeuerung und ohne ein angemessenes, emotionales Selbstmanagement fehlt die Basis, Menschen und Teams professionell *und* empathisch zu führen. Deshalb muss der Umgang mit den eigenen und mit den Emotionen anderer ein Baustein der Führungskräfteentwicklung sein. Führungskräfte müssen ebenfalls lernen, wie sie Trennungsgespräche richtig führen und ihrer Rolle im Trennungsprozess gerecht werden. Dabei sollten sie sich Unterstützung holen. Dies können Vorgesetzte, Personalentwicklung, eine kollegiale Beratung im Managementteam oder auch externe Sparringspartner wie Coach oder Organisationsberater sein. Im Trennungsgespräch selbst sind folgende Aspekte zu beachten:

Hilfreich	Weniger hilfreich
• rechtzeitig zum Gespräch in ein ungestörtes Umfeld einladen	• das Gespräch zwischen Tür und Angel führen
• die Gesprächsführung steuern	• über Schuld und Fehler des Mitarbeiters dozieren, offene Rechnungen begleichen
• die Trennungsbotschaft klar und in einer freundlichen und menschlichen Sprache äußern	• die Trennungsbotschaft aus Angst mit Small Talk oder fachlichen Themen verdecken
• eigene Emotionen wahrnehmen, aber nicht bewerten	• sich in den eigenen Emotionen verlieren
• nach innen und außen angemessen kommunizieren	• über die wirtschaftliche Lage des Unternehmens jammern
	• sich aus der Verantwortung nehmen

Vorschläge zur Stärkung der Vorgesetzten
1. Trennungsgespräche sind, wie auch Konfliktgespräche, Teil der Führungskommunikation und gehören damit als Führungsinstrumentarium in die Führungskräfteentwicklung
2. Unternehmensleitung und Vorgesetzte der Führungskraft unterstützen diese sowohl bei der Umsetzung der Entscheidung als auch bei der Positionierung gegenüber dem oder den Getrennten. Dadurch wird das Risiko reduziert, dass die Führungskraft als „Co-Opfer" auftritt
3. Das Unternehmen baut für Führungskräfte, die Trennungsprozesse begleiten, ein internes und externes Netzwerk auf. Geschäftsführung, HR und Betriebsrat werben dafür, dass die Inanspruchnahme *kein* Zeichen von Schwäche oder mangelnder Selbstkontrolle ist
4. Führungskräfte in akuten Trennungsprozessen haben Zugriff auf passende Instrumente zur Begleitung und Weiterentwicklung wie Coaching, Mentoring oder Kollegiale Beratung. Dies gilt insbesondere für den Führungskräftenachwuchs

Die Zurückbleibenden: „Survivors" oder übrig Gebliebene?
Auf *ihren* Beitrag zum zukünftigen wirtschaftlichen Erfolg des Unternehmens kommt es während und nach einem Trennungsprozess besonders an. Möglicherweise steht das Unternehmen gerade jetzt vor weiteren Herausforderungen. Dann sind die Trennungen nur Teil eines umfassenden Change-Prozesses. Dazu braucht es engagierte und loyale Mitarbeiterinnen und Mitarbeiter, die bereit sind, diese Übergangsphase aktiv mitzugestalten. Leistungsträger wie Führungskräfte, Fachexperten und Wissensträger sind unbedingt zu halten. Führungskräfte, die durch Trennungen in ihrem Bereich besonders belastet sind, werden zukünftige Aufgaben vielleicht mit einem verkleinerten oder einem komplett veränderten Team stemmen müssen.

Was geht in den Zurückbleibenden vor?
Einerseits haben die Mitarbeiter mit ihrem Arbeitsplatz „überlebt", andererseits sind Kollegen, Teams oder ganze Bereiche einfach nicht mehr da. Aufgaben und Prozesse müssen im zukünftigen Arbeitsalltag neu verhandelt und austariert werden. Ein „Lohn" ist noch nicht abzusehen.

Dr. Hans-Ulrich Streit begleitet Unternehmen bei Veränderungsprozessen[2]. Er weist auf die diffuse Gefühlslage Zurückbleibender nach einer Trennung hin: Wenn es in einem Unternehmen bei einer Umorganisation zu Entlassungen kommt, können bei diesen drei typische Reaktionen entstehen:

- **Freude und Erleichterung:** „Mich hat's nicht erwischt, ich werde wertgeschätzt. Endlich herrscht Klarheit wie es weitergeht."
- **Unsicherheit:** „Mich kann's auch noch treffen. Wie soll das nun gehen ohne die anderen?"
- oder **Wut:** „Die (da oben) haben es total verbockt! Die wirtschaften das Unternehmen den Bach runter."

Hans-Ulrich Streit:

> Diese drei typischen Reaktionen Freude, Unsicherheit und Wut sollten Raum bekommen. Sie sollten von der Führung direkt angesprochen werden, am besten, indem diese sich selber offenbart und sagt, wie sie die Situation empfindet. Es ist vermutlich nicht hilfreich, nach *einem* vorherrschenden Gefühl zu suchen und Interventionen daran zu orientieren. Stattdessen muss gewürdigt werden, dass unterschiedliche Stimmen aus einer Person sprechen können. Dazu müssen sie erst

---

[2]Terra Institute, Brixen (Südtirol): www.terra-institute.eu.

Abb. 4.4 Mögliche Emotionen von Zurückbleibenden

einmal gehört werden. Diese inneren Stimmen müssen in Balance kommen, und das braucht Zeit. Der Führungskraft muss dabei klar sein: auch wenn heute klare Schritte vereinbart werden (und damit z. B. die Wut kanalisiert wurde), kann morgen trotzdem wieder Unsicherheit entstehen.

Welche Emotionen bewegen die Zurückbleibenden (Abb. 4.4)?
Streit schlägt das SCARF-Modell von David Rock (2011) vor, um mit den Zurückbleibenden zu arbeiten. Rock befasst sich mit der Übertragung neurowissenschaftlicher Erkenntnisse auf den Unternehmensalltag. Er identifizierte als Muster fünf Gebiete sozialer Erfahrungen, die das menschliche Gehirn für überlebenswichtig hält. SCARF setzt sich aus den Anfangsbuchstaben der englischen Begriffe zusammen: Status (status), Sicherheit (certainty), Autonomie (autonomy), Verbundenheit (relatedness) und Fairness (fairness).

Alle fünf Aspekte können bei den *„übrig Gebliebenen"* beeinträchtigt sein

- **Status** beschreibt, wie man seine Wichtigkeit im Vergleich zu anderen erlebt. Ihr Status ist in der neuen Organisation noch nicht klar
- **Sicherheit** entsteht, wenn die eigenen Erwartungen an die unmittelbare Zukunft vermutlich erfüllt werden. Bei den Zurückbleibenden herrscht jedoch Unsicherheit über die Zukunft

- **Autonomie** bedeutet, selbstbestimmt und wirksam handeln zu können. Da der Rahmen, innerhalb dessen Autonomie entstehen kann, noch nicht klar ist, wird diese stark beeinträchtigt
- **Verbundenheit** beschreibt die Zugehörigkeit zu anderen. Die Verbundenheit mit den entlassenen Kollegen ist zerstört und spiegelt sich im Abschiedsschmerz: „da fehlt noch was"
- **Fairness** ist die Wahrnehmung von gerechten Beziehungen zwischen Menschen. Es kommt darauf an, ob der Trennungsprozess, wie auch der Umgang mit den Zurückbleibenden, als fair wahrgenommen wird

Was brauchen die Zurückbleibenden?

Gute Ansatzpunkte bieten seiner Erfahrung nach folgende fünf Aspekte für die konkrete Arbeit im neuen Team:

- Einen klaren Status (z. B. Teamrollen) vereinbaren
- schnell für Sicherheit sorgen
- Selbstwirksamkeit in den Rollen zulassen,
- Verbundenheit (Teamentwicklung) neu herstellen
- das Ganze transparent (Fairness) machen

4.5   Beispiele für Trennungsszenarien – Teil 2

Wie könnten Trennungsprozesse und -gespräche aus den Beispielen (Abschn. 2.2) besser gestaltet werden? Besser im Sinne von fair und menschlich, aber auch durchdachter und transparenter?

Im Mitarbeitergespräch. Die Vorgesetzte bekommt vom Personalbereich eine Checkliste „Trennungsgespräch" und bereitet sich damit sorgfältig auf das Gespräch vor. Bei Bedarf holt sie sich vorher von einem internen oder externen Trennungsbegleiter Unterstützung. Sie ist froh über ihre Teilnahme am Führungskräfte-Workshop „Trennungsgespräche führen" im letzten Jahr. Es wird ihr gelingen, das für beide belastende Gespräch mit einer wertschätzenden Grundhaltung zu führen. Sie erinnert sich an die Qualitäten und die Kompetenzen ihrer Mitarbeiterin. Sie hat die Entscheidung nicht getroffen, trägt sie aber mit und steht dazu. Sie wird sich dafür einsetzen, dass ihre Mitarbeiterin eine faire Trennung und einen anständigen Abschied bekommt.

- Das Gespräch findet absolut ungestört in einem ruhigen, nicht einsehbaren Raum statt
- Sie kommt bald zum Thema und spricht die (Trennungs-)Botschaft kurz und präzise aus
- Es findet keine Abrechnung statt. Alte Konflikte oder Fehler werden nicht aufgewärmt
- Nach der Trennungsbotschaft gibt sie ihrer Gesprächspartnerin Zeit zum Verarbeiten und fragt bei längerem Schweigen nach, ob die Botschaft verstanden wurde
- Sie hört empathisch zu, ohne in Mitgefühl zu ertrinken, und hält die emotionale Reaktion ihrer Mitarbeiterin aus, ohne sie zu bewerten oder zu verurteilen
- Sie zeigt auf, wie es weitergeht: Was sind nächste Schritte, wer wird wann informiert?
- Sie lädt zum Folgegespräch mit konkreten Daten am nächsten Tag ein
- Sie bietet der Mitarbeiterin an, nach dem Gespräch sofort nach Hause zu gehen. Wenn sie dabei von einem Kollegen begleitet werden möchte, veranlasst sie dies

Der Projektabbruch. **Vom Umgang mit versteckten Abschieden**
Bevor sie sich für einen vorzeitigen Abbruch entscheidet, sucht die Bereichsleitung das Gespräch mit der Projektleitung. Anschließend trifft sie sich mit dem ganzen Team. Ihr Ziel: Anhören – verstehen – Vorschläge einholen – Lösungen finden. Vielleicht kann ein erfolgreiches Teilprojekt weitergeführt werden, oder ein Relaunch des Projekts ist möglich. Wenn sich die Bereichsleitung nach den Gesprächen doch für den Gesamtabbruch entscheidet, greift der unternehmensinterne bestehende **„Workflow Projektende",** der auch dem Projektleiter vertraut ist.

Das Projektteam zeigt sich ein letztes Mal im Rahmen einer internen Abschiedsveranstaltung. Erfolge und Meilensteine werden durch eine Präsentation, den Beitrag in der Mitarbeiterzeitschrift oder im Intranet sichtbar gemacht. Vorgesetzte oder Geschäftsführung sprechen ihren Dank für die geleistete Arbeit und das hohe Engagement aus. Die künftigen Aufgaben der Projektmitglieder werden benannt. Erfolge werden gesehen. Über Misserfolge wird vielleicht sogar gelacht...

Vorschläge zur Umsetzung im Projekt

- Projektleitung und Führungsebene legen gemeinsam Termin, Begründung und Kommunikation zum Projektabbruch fest und einigen sich auf das entsprechende Wording
  „Das Projekt AB wird nach Rücksprache mit dem Projektteam vorzeitig beendet, da sich die Ziele/die Ausgangslage/die technischen Voraussetzungen inzwischen geändert haben."
- Die Auflösung des Teams im Rahmen eines Workshops macht Sinn, um abschließende fachliche Aufgaben (Übergabe, Dokumentation, Meilensteine) und die Entlastung des Teams mit einem emotionalen und würdigen Ende zu verbinden
- Das Team bedankt sich bei allen internen und externen Geschäfts- und Ansprechpartnern
- In dieser Übergangsphase wird konzentriert und möglichst offen zurückgeschaut: Was war gut am Projekt, welche Lernerfahrungen und persönlichen Beziehungen nehmen wir mit, was ist nicht gut gelaufen, wo sind wir gescheitert, was machen wir nächstes Mal anders…
- Das Projektteam trifft sich zum Abschied: Feiern, Bedauern, Lachen, Erinnern …
- Was ist gut am Neuen, das jetzt kommt? Was braucht es noch für einen richtigen Aufbruch?
- Vielleicht gelingt noch ein kleines, teaminternes Ritual zum Abschied

Ein Todesfall: Der sensible Umgang mit Todesfällen im Betrieb
Sterben ist ein Weg, eine Reise, ein Übergang. Stirbt ein Mitarbeiter oder eine Mitarbeiterin eines Unternehmens, berührt dieser Todesfall neben den betroffenen Kollegen, Vorgesetzten und Teams das ganze Unternehmen als System. Eine Lücke entsteht, der menschliche Verlust der Trauernden, aber auch eine Lücke im System. Was das Unternehmen nicht tun sollte, ist einfach tatenlos verharren, den Tod in die private Welt verbannen und die Lücke ignorieren.

Was macht stattdessen Sinn?
Gerade bei überraschenden Todesfällen ist ein bewusster Abschied wichtig. Rituale helfen beim Umgang mit dem Gefühlschaos. In der Gestaltung von Abschied und Ritualen liegt die Chance, am Arbeitsplatz mit Kollegen, Vorgesetzten und Mitarbeitern ein *betriebliches Innehalten* einzuüben, das auch kurz sein darf: Gemeinsam lachen und weinen, reden und schweigen, sich erinnern und

miteinander ins Gespräch kommen. Das Wissen um einen gemeinsamen Umgang mit Trauer und Verlust hilft dem Einzelnen und der Organisation durch weitere Krisen. Sie zeigt dadurch Stärke, dass sie trauert, wie sie trauert und ihre Trauer ausdrückt. Ein einfaches Beispiel:

Die Wirtschaftskammer Vorarlberg verabschiedete ihren gerade verstorbenen Präsidenten unter der Überschrift: „Eine starke Stimme ist verstummt" (Die Wirtschaft v. 29.04.2016) mit den bildhaften Worten:

„*Sein Parkplatz bleibt leer, sein Büro unberührt, die Zeit scheint still zu stehen. Manfred Rein kommt nicht mehr. Ein Schock für seine Familie und uns, seine Wegbegleiterinnen und Wegbegleiter in der Wirtschaftskammer. Sein Tod ist ein großer Verlust.*"

Exkurs II: Der Trauerfall im Betrieb

5

5.1 Trauer am Arbeitsplatz

In Deutschland sterben jährlich zwischen 850.000 und 900.000 Menschen. Wer im erwerbstätigen Alter verstirbt, hinterlässt neben Angehörigen und Freunden auch Kolleginnen und Kollegen am Arbeitsplatz. Diese arbeiten weiter und sie trauern dabei; manche still und manche sichtbar. Ein angemessener und bewusster Umgang mit Trauerfällen und Trauernden im Unternehmen leistet einen wertvollen Beitrag dazu, den Menschen hinter seiner Funktion und seinem Nutzen für den Arbeitgeber zu sehen.

„Trauer am Arbeitsplatz zuzulassen, offen mit dem Verlust umzugehen, auch wenn man vermeintlich Schwäche zeigt, wäre eine Alternative zur stummen Ignoranz, mit der Trauerfällen im Berufsalltag häufig begegnet wird" schreibt der deutsche Bestatter und Trauerbegleiter Fritz Roth in seinem lesenswerten Buch „Das letzte Hemd ist bunt" (Roth 2011, S. 173).

Besonders herausfordernd ist ein Todesfall in der Belegschaft: Ein Kollege stirbt plötzlich und unerwartet. Die Führungskraft verstirbt nach längerer Krankheit. Eine Teamkollegin kommt bei einem Unfall ums Leben. Der betagte, aktive Unternehmensinhaber schläft zu Hause friedlich ein.

Der überraschende Tod von Geschäftsführung oder Eigentümer kann sich krisenhaft auf die gesamte Organisation auswirken. Zur individuellen Trauer der Belegschaft gesellen sich Angst und Unsicherheit über die Zukunft des Unternehmens und den eigenen Platz darin. Hier braucht es neben einer guten Abschiedsgestaltung eine rasche und deutliche Präsenz von Vorstandskollegen, weiteren Eigentümern oder der Familie des Inhabers, die signalisiert, dass es weitergeht.

Die Ausgabe **Trauer am Arbeitsplatz** der Zeitschrift Leidfaden stellt (Leidfaden 2012) drei zentrale Fragen an den Anfang ihrer Beiträge, mit denen sich auch das

© Springer Fachmedien Wiesbaden 2017
K. Wurth, *Trennungsmanagement in Unternehmen*, essentials,
DOI 10.1007/978-3-658-15382-3_5

folgende Kapitel auseinandersetzt: Findet das Phänomen Trauer Berücksichtigung? Über wie viel Trauerwissen verfügen Führungskräfte? Lassen sich Rituale auch am Arbeitsplatz unterstützend einsetzen?

5.2   Trauer als Phase der Veränderung

Störfall Tod
Der Tod ist die letzte, unvermeidbare Krisensituation. Er bringt die Räder der Maschine zum Stillstand. In einer an Leistung und Selbstdarstellung orientierten Gesellschaft werden Verlusterfahrungen und Trauer als Abweichung wahrgenommen. Ein gesellschaftliches System, das auf Leistungsanforderungen mit Grenzenlosigkeit und auf ständige Veränderungen mit Beschleunigung reagiert, muss den Tod zwangsläufig als Störfall empfinden.

Trauer-Arbeit
Trauer als komplexes Bündel von Gefühlen wurde im Zusammenhang mit Emotionen in Abschn. 3.2 vorgestellt. Trauerprozesse haben mit Krisenerfahrungen gemeinsam, dass kein Lebensbereich des Trauernden unberührt bleibt. Trauer als menschliche Grunderfahrung kann weder übersprungen, delegiert noch rationalisiert werden. Welche Gefahr liegt darin für Unternehmen?

Es gibt Firmen, die unter *Leerstellen* in der Organisation und in der Folge unter chronischen Prozessstörungen leiden. Da fehlt etwas. Jemand fehlt. Dahinter kann sich unbewältigte Trauer aus der Vergangenheit verbergen. Trauer über einen Todesfall im Betrieb, einen nicht vollzogenen Abschied oder auch über einen schmerzhaften, unbearbeiteten Veränderungsprozess.

Wenn Trauer und Abschied als störend für den reibungslosen Betriebsablauf wahrgenommen werden oder der Umgang mit ihnen von Hilflosigkeit und Wegschauen geprägt ist, kehrt die Organisation zur Tagesordnung und damit zur vermeintlichen Sicherheit einer Normalität zurück.

Die Trauer der Einzelnen dringt jedoch wie eine chronische Krankheit allmählich ins System ein und setzt sich dort fest. Unter der Oberfläche liegt das Unternehmen versteckt und unausgesprochen in Trauer. Dieser „Eisblock" kann sich Veränderungsvorhaben als Hindernis in den Weg stellen.

Abb. 5.1 Traueraufgaben
nach S. Freud

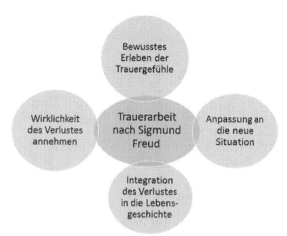

Traueraufgaben

Nach Sigmund Freud muss Trauer eine bestimmte psychische Aufgabe erledigen. Diese Aufgabe nennt er *Trauerarbeit* und benennt als Voraussetzung für einen gelungenen Trauerprozess vier Phasen (Abb. 5.1).

Wenn Trauerarbeit als notwendige individuelle und kollektive Aufgabe aus dem beruflichen Umfeld ausgespart und ausgesperrt bleibt, ist es kein Wunder, dass die oben beschriebenen *Leerstellen* im Unternehmen entstehen. In der Folge können Krankmeldungen, Minderleistungen und Fehlzeiten zu erheblichen Leistungs- und Produktivitätsverlusten führen.

Trauernde am Arbeitsplatz

In der neuen Auflage des DSM-5[1], des Diagnosemanuals für psychische Störungen, legte die amerikanische psychiatrische Vereinigung Ende 2014 fest, dass Symptome wie Niedergeschlagenheit, Appetitverlust, Gewichtsabnahme, Antriebslosigkeit, sozialer Rückzug und Schlafstörungen bereits zwei Wochen nach dem Verlust eines Menschen als Depression diagnostiziert werden können.

Wenn die Fachwelt Trauersymptome so schnell als pathologisch einstuft, auf welche Reaktionen ihrer Vorgesetzten treffen trauernde Menschen dann an ihrem Arbeitsplatz?

---

[1]Diagnostic and Statistical Manual of Mental Disorders der American Psychiatric Association.

- Diese gehen nicht oder nur kurz auf der formalen Ebene („Mein Beileid") auf den Verlust ein
- Trost und Unterstützung erschöpfen sich in einem hilflosen „Wird schon wieder!"
- Nach erfolgreich überstandener Beileidsbekundung tun sie, als ob nichts gewesen wäre
- Nach einer kurzen Schonfrist wird wieder vollstes Funktionieren im Joballtag erwartet

Welche Fragen stellen sich Trauernde?

- Muss ich mich durchbeißen und „Alles ok!" signalisieren, um nicht als „Minderleister" zu gelten?
- Ist mein Wunsch nach Unterstützung ein Zeichen von Schwäche, das ich besser nicht zeige?
- Hat mein Arbeitgeber Verständnis für einen längeren Urlaubswunsch, für mein aktuelles Bedürfnis nach einer ruhigeren Tätigkeit oder für meine Krankmeldung?
- Bin ich kaltherzig und egoistisch, wenn ich mich am liebsten in die Arbeit vergraben will?
- Müssen Kollegen und Vorgesetzter mit mir unbedingt wie mit einem Schwerkranken umgehen?

5.3   Was Unternehmen tun können

Im April 2016 bot die Akademie des Hospiz Ulm e. V. eine Veranstaltung zum Thema Trauer am Arbeitsplatz an. Aus dem Ausschreibungstext[2]:

> In der Arbeitsumgebung herrschen andere Regeln als im privaten Umfeld. Produktivität, Profit, Qualität und Effizienz sind nur einige der geltenden Maßstäbe. Entsprechend dazu wird von den Arbeitnehmern Leistungsfähigkeit, Kontrolle und Stärke gefordert. Stirbt ein Mitarbeiter oder ist er von einem Trauerfall betroffen, kann die Situation am Arbeitsplatz für Vorgesetzte, Kollegen und Betroffene selbst zu einer Herausforderung werden. Wir zeigen Wege im Umgang mit diesen Situationen auf und geben Impulse für eine trauer- und lebensorientierte Unternehmenskultur.

---

[2]Ulmer Hospiz Akademie, Programm Januar 2016 bis Dezember 2016. Hrsg.: Hospiz Ulm e. V.

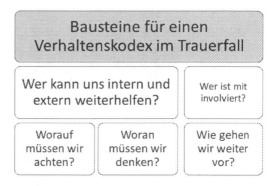

Ein Trauerfall im Unternehmen löst zuerst Schock und Hilflosigkeit aus, bevor gehandelt werden kann. Dann ist es fast zu spät, sich Gedanken zum praktischen Umgang mit Trauer und Abschied zu machen. Gut unterwegs sind Unternehmen, die bereits über *Trauerwissen* verfügen und dieses in Empfehlungen oder einem **Verhaltenskodex** zum Umgang mit Trauerfällen und Trauernden ausgestaltet haben. Dieser dient als praktische Hilfestellung für Führungskräfte und Mitarbeiter. Er wird im Idealfall gemeinsam, vielleicht unter der Federführung von HR und Betriebsrat, erarbeitet.

Der Verhaltenskodex kann zum Beispiel eine firmeninterne Checkliste *„Trauer am Arbeitsplatz"* enthalten. Diese besteht aus mehreren Bausteinen (Abb. 5.2) und enthält weitere nützliche Telefonnummern und Adressen.

Auf diese Checkliste(n) können Führungskräfte und Mitarbeiter auch zurückgreifen, wenn ein Mitglied der Belegschaft einen Trauerfall in seinem privaten Umfeld erlebt hat und seine Trauer, wie schon angesprochen, auf unterschiedliche Art und Weise an seinen Arbeitsplatz mitbringt.

Umgang mit Trauernden im Betrieb
Wie sehen angemessene Verhaltensweisen von Vorgesetzten und Führungskräften aus?

Welches Verhalten von Kollegen und Mitarbeitern stärkt und unterstützt Trauernde?

Welche Hilfe ist vom Unternehmen zu erwarten?

Trauernde wissen am besten selbst, was sie brauchen und was nicht. Als erste Ansprechpartner und als Vertreter des Arbeitgebers sollten Vorgesetzte von sich aus auf Trauernde zugehen. Diese möchten Angebote auch ablehnen dürfen, ohne es dem Vorgesetzten „recht machen" zu müssen.

Gefühlslage und Bedürfnisse Trauernder können nach Erfahrung vieler Trauerbegleiterinnen und Begleiter sehr unterschiedlich ausfallen. Deshalb sollten sich Vorgesetzte und Kollegen nicht scheuen, immer wieder vorsichtig nachzufragen bzw. deutlich zu signalisieren, „Ich bin da, wenn du mich brauchst". Wer trauert, kann oder mag vielleicht eine Weile überhaupt nicht arbeiten und ist froh, dank Urlaub oder Freistellung nicht oder in reduziertem Umfang am Arbeitsplatz präsent sein zu müssen. Ein anderer ist erleichtert, zur Arbeit gehen zu können, da dies für ihn die einzige Zeit mit einer festen Struktur und mit Vertrautem ist.

Gespräche über Tod und Trauer setzen Vertrauen voraus. In Unternehmen mit einer ausgeprägt hierarchischen oder autoritären Kultur kann dies den Trauernden schwer fallen. Dies gilt genauso für ein schwieriges betriebliches Umfeld oder im Rahmen komplexer Change-Prozesse. Unabhängig davon bleibt jede Führungskraft auf jeder Ebene in der Pflicht, Gespräche mit Trauernden führen und diese nach Kräften unterstützen zu können. Ein paar vorbereitete Fragen als Gesprächsbasis verringern die erste und schwierigste Hürde in einem Gespräch mit dem trauernden Mitarbeiter. Danach sollte auf jeden Fall über die kurzfristige Gestaltung der Arbeit und mögliche praktische Entlastung gesprochen werden. Dabei sind Vorschläge des Mitarbeiters besonders willkommen.

Führungskräfteentwicklung sollte deshalb auch das Führen von Trauergesprächen vermitteln. Damit schwände ein Teil der Angst vor „peinlichen" Gesprächen. Die Trauerbegleitung im Unternehmen würde zum Bestandteil des betrieblichen Gesundheitsmanagements.

Was jedes Unternehmen tun kann

- Aus der Fürsorgepflicht eines Arbeitgebers ein allgemeines Hilfsangebot machen
- Mit dem Mitarbeiter über eine praktische Entlastung sprechen:
  - Ist eine vorübergehende Arbeitsreduktion möglich?
  - Ist ein kurzfristiger Wechsel vom Front Office ins Back Office möglich?
  - Macht ein Sonderurlaub oder eine vorübergehende Reduzierung der Arbeitszeit Sinn?

- Oder möchte sich der Trauernde lieber in die Arbeit vergraben und nichts ändern?
- Mit dem engeren betrieblichen Umfeld, Kollegen und Team, sprechen, was braucht dieses?
- Bei Trauerfällen im Unternehmen direkt betroffene Vorgesetzte stärken, sie müssen am schnellsten wieder funktionieren
- Einen Raum schaffen, der Platz für Gefühle bietet und Ort der Stabilität ist. Dieser Raum findet sich in gelungenen Trauer- und Abschiedsritualen wieder
- Führungskräfte, Personaler und Betriebsräte als interne Trauerbegleiter ausbilden.

Trauer- und Abschiedsrituale

Trauerrituale sind Übergangsrituale und erfüllen unterschiedliche Aufgaben: Sie bieten einen geschützten Raum, um die mit dem Verlust verbundenen schmerzlichen Gefühle ausdrücken zu können. Dazu vermitteln Trauerrituale durch den Schutz der Gemeinschaft Sicherheit und Stabilität. Ein firmen- oder teaminternes Ritual als *soziale Inszenierung* kann diesen Schutz auch im Arbeitsleben erfahrbar machen. Die dritte Funktion ist die Erinnerung an die eigene Sterblichkeit. Trauerrituale beinhalten deshalb immer auch die Konfrontation mit der eigenen Endlichkeit. Deshalb sind Abschieds- und Trauerrituale sorgfältig zu wählen und sowohl den Bedürfnissen der Trauernden wie auch der Kultur des Unternehmens anzupassen.

Beispiele für Abschiedsgesten bei einem firmeninternen Trauerfall

- Mitarbeiter schreiben ihre Gedanken zum Verstorbenen auf Karten. Diese werden an die Familie des Verstorbenen übergeben.
- Ein Team äußert in seiner wöchentlichen Frühstücksrunde reihum jeweils ein, zwei Sätze zum verstorbenen Kollegen oder der Kollegin.
- Trost bieten auch kleine, unspektakuläre Rituale: Eine Kerze wird aufgestellt. Die Lieblingsblumen stehen auf dem Schreibtisch. Eine passende Pflanze wird ins Büro gestellt.

- Eine interne Abschiedsfeier wird schön und liebevoll gestaltet. Sie bietet unterschiedlichsten Menschen dadurch Trost und Bindung an die Gemeinschaft.
- Im Büro des Verstorbenen werden Foto und Kondolenzbuch ausgelegt.
- Ein Verlust bleibt sichtbar: Der Schreibtisch bleibt noch eine Weile unbesetzt. Der Firmenparkplatz oder der Platz in der Kantine wird für eine erste Trauerzeit freigehalten.
- Ein kleiner Betrieb pflanzt vielleicht eine Staude oder ein Bäumchen auf dem Firmengelände.
- Das Intranet wird als virtuelles Kondolenzbuch oder als Raum für Erinnerungen genutzt.
- Sich – schöne, traurige, lustige und verrückte – Geschichten über den Verstorbenen zu erzählen, ist in vielen Kulturen in der Form des Leichenschmauses lebendig. Eine Gruppe von Menschen kann dasselbe informell und trotzdem würdevoll im Unternehmen tun.
- Beim Tod einer Führungskraft macht ein gemeinsamer Workshop oder eine Teamentwicklung Sinn, die sich genügend Zeit nimmt, auf die gemeinsame Geschichte zurück zu blicken.

Trauer kostet Zeit und sie benötigt viel Energie. Aus der Fähigkeit zu trauern wird wieder frische Kraft gewonnen. Wer lernt, mit Trauer und Verlust bewusst umzugehen, wird bei der Bewältigung weiterer privater wie beruflicher Krisen gestärkt. Dies gilt für einzelne Menschen wie auch für Organisationen als soziale Systeme. Ein Unternehmen, das einen oft überraschenden Trauerprozess gemeinsam besteht, weiß um die Tragfähigkeit und Stabilität der eigenen Kultur.

Fritz Roth (Roth S. 59): *„Tod und Trauer haben nicht nur eine private Dimension, sondern auch eine betriebswirtschaftliche und ökonomische, die Argumente dafür liefert, das Thema nicht nur in Sonntagsreden aufzugreifen und es ansonsten auszuklammern. Auch für Unternehmen ist es wichtig, sich mit dem Thema Trauer zu befassen (…). Wir müssen lernen, was Trauer bedeutet und wie das berufliche Umfeld dazu beitragen kann, den Zeitraum der Beeinträchtigung zu verkürzen und das positive Potenzial im Trauerprozess zu nutzen."*

Weiterführende Informationen für Unternehmen (vgl. Literaturverzeichnis)

- Herausragend in Bezug auf fachliche Tiefe und Praktikabilität ist die Ausgabe 3/2012 „Trauer am Arbeitsplatz" der Zeitschrift **Leid**faden von Vandenhoeck & Ruprecht
- Handwerkskammer Koblenz und Universität Koblenz-Landau haben eine Handlungshilfe „Umgang mit Trauernden am Arbeitsplatz" herausgegeben und gemeinsam mit der Bezirksärztekammer ein Notfalltelefon zu Trauerbegleitung am Arbeitsplatz eingerichtet. Die Handlungshilfe berücksichtigt auch die Frage „Was sollte eine gute Unternehmenskultur leisten?"
- Beratungsstellen und Hospizorganisationen bieten Unterstützung zur Trauer am Arbeitsplatz an, zum Beispiel die Hamburger Beratungsstelle CHARON oder das Hospiz Ulm e. V.
- Zahlreiche Zeitschriftenartikel sind in den letzten Jahren erschienen, zum Beispiel „Der leere Schreibtisch nebenan" von Nadine Bös oder „Rituale für den Neubeginn".

Trennungskultur im Unternehmen 6

6.1 Betroffen – beteiligt – beeinflusst: Bedürfnisse der Stakeholder

Einbindung der Stakeholder

Auf die **Stakeholder** (Abb. 6.1) wirken sich Organisation, Durchführung und Kommunikation von Trennungen im Unternehmen immer aus, sie werden positiv oder negativ beeinflusst. Stakeholder bündeln die Ansprüche bestimmter Gruppen an Unternehmen und andere Anspruchsgruppen. Sie sind an Kongruenz interessiert, an der Übereinstimmung von äußerem und innerem Bild ihres Unternehmens. Eine faire und transparente Trennungskultur zeigt Stakeholdern den Weg, wie das Unternehmen seine Werte gerade in schwierigen Situationen lebt.

Die Stakeholder werden von verschiedenen Arten der Trennungen unterschiedlich beeinflusst: Sie können als getrennte Mitarbeiter, Teams oder Abteilungen direkt betroffen sein. Als direkte Vorgesetzte oder Zurückbleibende sind sie indirekt involviert. Sie sind als Geschäftsführung, Führungskraft oder Betriebsrat aktive Treiber (oder Verhinderer) des Trennungsprozesses.

Was Stakeholder *nicht* brauchen

- Eine vor sich hin brodelnde und gedeihende Gerüchteküche im Unternehmen
- Firmeninterna, die durch Kommunikationslücken nach außen getragen werden

---

© Springer Fachmedien Wiesbaden 2017
K. Wurth, *Trennungsmanagement in Unternehmen*, essentials,
DOI 10.1007/978-3-658-15382-3_6

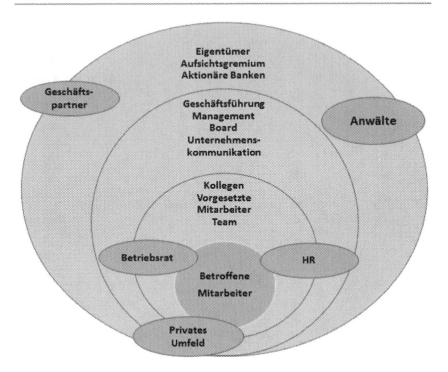

Abb. 6.1 Stakeholder eines Unternehmens

- Permanente Ungewissheit, ein längerer Schwebezustand und eine chronische Leidenszeit
- Scham über die Art und Weise, wie das eigene Unternehmen mit Trennungen umgeht
- Eskalierte Emotionen und negative mediale Berichte
- Negative externe Schlagzeilen in den Medien aufgrund von 1) bis 5)

Die Bedürfnisse der wichtigsten Stakeholder

Betroffene Mitarbeiter (siehe auch Abschn. 4.3 Trennungsgespräch)
Trennungsprozesse im Job können den manchmal als sehr schmerzlich empfundenen Rahmen für eine Lernerfahrung bilden, um *trennungskompetenter* zu werden. Das Durchleben (und Durchleiden) von Trennungs- und Abschiedserfahrungen gehört zum Leben und damit auch zum Arbeitsleben. Verlusterfahrungen sind dabei unvermeidbar,

manche absehbar, manche scheinbar überraschend. Manche werden als zutiefst ungerecht empfunden, andere als lästig, aber zu bewältigen[1]. Eine als krisenhaft erlebte Trennungssituation kann *die* Chance sein, gewohnte Verhaltensmuster zu verlassen und Neues zu erfahren. Altes loslassen schafft Raum für Neues. Eine Trennungssituation, die von Wertschätzung und Fairness gegenüber den betroffenen Mitarbeitern geprägt ist, verbessert die Ausgangsposition beträchtlich.

Was brauchen sie?

- Die Trennung verstehen und bei deren Durchführung nicht in die Opferrolle gedrängt werden
- Einen professionellen Trennungsprozess, der klar und nachvollziehbar kommuniziert wird
- Wertschätzende Trennungsgespräche mit einem Vorgesetzten, der Verantwortung übernimmt
- Unterstützung und Beratung innerhalb des Unternehmens (Betriebsrat, HR)
- Ein interessantes Ausstiegs- oder Umstiegspaket, dies gilt auch für abgebrochene Projekte
- Die Vermittlung neuer Perspektiven (Coaching, Outplacement, Mitarbeitergespräche)
- Sympathie und Mitgefühl ihrer Kollegen, statt Mitleid für das „arme Schwein"
- Zeit zum Verarbeiten und zum Akzeptieren

Kollegen und Belegschaft

Kollegen, Abteilung und, je nach Trennungsfall, die gesamte Belegschaft beobachten den Ablauf von Trennungen sehr genau. Dies gilt insbesondere für kollektive Trennungen. Es hätte einen selbst treffen können. Vielleicht trifft es einen ja noch. Ist es deshalb angebracht, Partei zu ergreifen, oder ist Stillhalten die klügere Alternative? Die Belegschaft achtet besonders auf den Umgang mit den Verbleibenden in Team, Projekt oder Abteilung. Weitere Ausführungen dazu siehe Abschn. 4.4.

---

[1]Zwei Literaturempfehlungen zur Auseinandersetzung mit Lebenskrisen, Übergängen und Veränderungen auf einer persönlichen Ebene sind Messer (2013) und Nohl (2011).

Kollegen und Teams möchten weiterhin positiv über ihren Arbeitgeber sprechen können. Trennungen, die trotz ihrer Auswirkungen als fair empfunden werden, wirken loyalitätsfördernd.

Was brauchen sie?

- Stabilitätsanker durch Führungskräfte und Geschäftsführung und damit (teilweise) Sicherheit
- Raum für ambivalente Gefühle wie Scham, Trauer, Freude, Erleichterung…. (vgl. Kap. 3)
- Eine aktive, inspirierende Einbeziehung in die Veränderung durch Teamleitung und Vorgesetzte
- Fairness und Transparenz, indem zum Beispiel nicht monatelang „Listen" kursieren oder die personelle Entscheidung mittels des Sympathiegrads der Führungskraft getroffen wird

Teams und Projekte (vgl. Abschn. 4.5)
Dass Team- bzw. Projektauflösungen bewusst geplant und kommuniziert werden müssen, wurde bereits erläutert. Projekte dürfen nicht „hinsiechen" oder „sanft einschlafen". Sie werden stattdessen für alle klar und deutlich beendet. Ein Abbruch kann eine sinnvolle und letztlich schonende Maßnahme für die Beteiligten sein! Bei gescheiterten Projekten ist das Bedürfnis nach fachlicher Abnahme und Entlastung sowie persönlichen Lernerfolgen erfahrungsgemäß groß.

Was brauchen sie?

- Durch einen abschließenden Meilenstein (als Schlusspunkt) ein gutes Ende finden
- Positive Geschichten, die in einem emotionalen Abschluss erzählt werden können
- Teamleistung und individuelle Leistung, die gesehen und gewürdigt werden
- Ein offener, produktiver Rückblick auf Fehler, Irrwege, Fehlannahmen und Scheitern

Vorgesetzte, Führungskräfte, Zurückbleibenden (vgl. Abschn. 4.4)

HR

Der Personalbereich steckt in einem Dilemma. Er hat die Entscheidung, an der er beteiligt ist, nicht selbst getroffen. Er setzt sie mit um und organisiert die „Abwicklung". Personaler sind, gemeinsam mit dem Betriebsrat, oft die erste Anlaufstelle für Mitarbeiter und Belegschaft bei Trennungen. HR wirkt dabei als Moderator zwischen Belegschaft, Betriebsrat und Geschäftsführung. Je nach Betrieb positioniert sich HR als interner Dienstleister (z. B. Checkliste Trennungsgespräche), Personal- und Organisationsentwickler (Einbettung der Trennung in die Veränderungslandschaft), als Lotse des Trennungsprozesses oder als Bewahrer der Arbeitgeberattraktivität für das Recruiting.

Was braucht er?

- Die Entwicklung von Werkzeugen wie Projektplänen oder Checklisten vorantreiben können
- Als Verbindungsglied zu vielen Beteiligten mit widersprüchlichen Interessen sollte er sich innerhalb seines Bereichs einen emotionalen Ausgleich und eine gesunde Distanz schaffen
- Wissen über professionelle Projektsteuerung, um den Trennungsprozess selbst zu leiten und einen chaotischen oder nur rudimentären Ablauf zu verhindern
- Einen realistischen Blick auf die Beziehung zum Betriebsrat, die vom Spannungsfeld pragmatischer Zusammenarbeit und notwendiger Abgrenzung geprägt wird
- Abstimmung mit Geschäftsführung, Marketing und der Unternehmenskommunikation, damit Trennungsprozesse seine Arbeit in Recruiting und Personalentwicklung nicht erschweren

Der Betriebsrat

Der Betriebsrat kämpft um die Erhaltung von Arbeitsplätzen und um den Verbleib von Mitarbeitern im Unternehmen. Kann er dies nicht erreichen bzw. ist die Entscheidung gefallen, liegt der Fokus zwangsläufig auf einem guten Trennungspaket für einzelne oder für Gruppen von Beschäftigten.

An kollektiven Trennungen ist er durch seine Mitarbeit am Sozialplan und dessen Kriterien aktiv beteiligt. Er kann Trennungsmaßnahmen zustimmen, diese verweigern und Alternativen vorschlagen. Strategisch denkbar sind auch kombinierte *Gegengeschäfte* mit der Geschäftsleitung. Nur eines kann der Betriebsrat nicht: Sich bei Trennungen im Unternehmen heraushalten.

Was braucht er?

- Einen guten, möglichst vertrauensvollen Kontakt nicht nur zu Belegschaft, sondern auch zu anderen Stakeholdern (Geschäftsführung, Führungskräfte, HR)
- Fachliche und soziale Kompetenz im Umgang mit Getrennten und Verbleibenden sowie Klarheit über seine Funktion (Krankenschwester? Offene Tür? Sparringspartner? „Anwalt der Entrechteten"? Kündigungsabwickler? Stratege? Stammkneipe? Hotline...?)
- Vertrauen in die Sinnhaftigkeit einer guten Abschiedsgestaltung, insbesondere bei kollektiven Trennungen, statt zu denken „uns ist es am liebsten, wenn alles schnell vorbei ist".
- Genügend Kraft für die Betreuung der Verbleibenden. Während der Trennung stehen sie nicht im Fokus des Betriebsrats, und danach fehlt die Energie, sich um die „Glücklichen" zu kümmern.

Der Bereich Unternehmenskommunikation
Größere Unternehmen mit einer Stabsstelle, eigenem Personal oder einer externen Agentur können ihre Kommunikation leichter bündeln und abstimmen. In kleineren Betrieben wird diese Arbeit meist nebenher „mitgemacht", sei es von Marketing, HR oder der Geschäftsführung selbst. Deshalb sind Anforderungen und Bedürfnisse an die Kommunikation bei Trennungsprozessen sehr unterschiedlich. Wer für die Firmenkommunikation verantwortlich ist, hat jedoch immer ein Interesse daran, rechtzeitig und nicht nur scheibchenweise in Trennungsprozesse eingebunden zu werden. Aufgrund der engen Verbindung zur Geschäftsführung ist es auch für diese Mitarbeiter besonders wichtig, dass Arbeitgebermarke und Werte in der Außensicht nicht beschädigt werden.

Was braucht er?

- Berechenbare Auswirkungen des Trennungsprozesses statt negativer Überraschungen

- Die verantwortliche Steuerung der Kommunikationsprozesse, statt von außen (durch Presse und Öffentlichkeitsarbeit) und innen (Belegschaft) bedrängt zu werden
- Den Rückgriff auf passende Sprachregelungen, an die sich unternehmensintern alle (!) halten
- Erfahrungen in Krisenkommunikation und in der Moderation diverser Stakeholder

Geschäftsführung, Vorstand oder Inhaber

Wie die oberste Führungsetage mit betrieblichen Trennungen umgeht, wirkt sich auf die Qualität des Trennungsmanagements grundlegend aus. Perfekte Trennungsprozesse, Checklisten zu jedem Problem, Führungskräfteschulungen oder externe Trennungsberatungen mit dem Ziel, eine adäquate Trennungskultur zu schaffen, bleiben im Schatten, wenn der „Leuchtturm" Chefetage sich weigert, Licht zu spenden. Umgekehrt können Eigentümer, Geschäftsführer oder Vorstände mit wenigen, manchmal symbolischen Gesten, Trennungen und Abschieden ihren Wert und ihre Bedeutung geben. Mit Rückenwind von oben wird es leichter, Trennungen als Kulturelement zu akzeptieren und auszugestalten. Auf welche Bedürfnisse von Eigentümern bzw. angestellter Geschäftsführung werden Stakeholder stoßen?

Der Eigentümer und Inhaber …

… hat den Trennungsbeschluss selbst unter Schmerzen oder gegen Widerstände getroffen und erwartet jetzt, dass dieser schnell und möglichst geräuschlos umgesetzt wird

… will die Unternehmenswerte, die auch seine persönlichen Werte sind, nicht verletzt sehen

….hätte diese Trennung(en) schon längst vollziehen müssen, hat dies aus Mitleid oder Harmoniebedürfnis schleifen lassen und fühlt sich jetzt als Buhmann aller Beteiligten

…möchte durch den Betrieb gehen und im Ort samstags über den Markt laufen können und dabei weiterhin gesehen, respektiert und geschätzt werden

… macht seine eigenen Gefühle nicht im Unternehmen, sondern in der Stille mit sich selbst aus

… will kein organisatorisches Chaos, keine emotionale Dramen und keine schlechte Presse

Der angestellte Geschäftsführer oder das Vorstandsmitglied ...

... ist sich seiner Verantwortung und der Tragweite seiner Entscheidungen bewusst und braucht dafür ein gestärktes Selbstverständnis und gute Sparringspartner

... ist strategisch schon wieder einen Schritt weiter und setzt darauf, dass die verbleibenden Mitarbeiter und Führungskräfte sich nicht hängen lassen und eine gute Leistung abliefern

... weiß nicht, wann welche nächsten Trennungen erfolgen, da sich das Unternehmen in einem permanenten Veränderungsprozess befindet, dessen Ende noch vollkommen offen ist

...hält es für wichtig, dass die Arbeitgeberattraktivität nicht leidet, damit weiterhin genügend gute Bewerbungen eintreffen und bloß keine Leistungs- oder Wissensträger von Bord gehen

... will gegenüber dem Betriebsrat nicht zu weich oder zu schwach wirken, da dieser sonst postwendend versucht, weitere Vorteile für die Belegschaft herauszuschlagen

Weitere, hier nicht behandelte Stakeholder: Aufsichtsgremien, Banken, Aktionäre, Firmenanwälte, Kunden, Geschäftspartner und Lieferanten, lokale Öffentlichkeit, Kommune, Region, Staat.

6.2   Kommunikation und Wording des Abschieds

Interne Kommunikation bei Trennungen und Abschieden
Eine abgestimmte Trennungskommunikation wirkt schadensvermeidend quer durch alle Gruppen. Gerade bei längeren Trennungsprozessen oder bei vielen Betroffenen sollte die Kommunikation nicht nur aus dem Verkünden von Statements bestehen. Die Mitarbeiter benötigen Räume zum Austausch. Dies kann in Form von Foren in der realen Welt oder virtuell stattfinden. Nach innen (Abteilung, Firma, Organisation, Anteilseigner) und nach außen (Presse, Kunden, Geschäftspartner) sollte jede Trennung aus einer respektvollen Grundhaltung kommuniziert werden (Abb. 6.2).

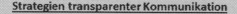

Strategien transparenter Kommunikation

✓ Die Fakten benennen: Wer, wann, was, wozu, warum...
✓ Den Weg der Information (Regelfluss) festlegen
✓ Sich rechtzeitig mit anderen beteiligten Stakeholdern wie
  Vorstand, Aufsichtsrat, Betriebsrat, Anwalt etc. abstimmen
✓ Die Koordination der Kommunikation klären: Wer hat den Hut auf?
✓ Die Form der Kommunikation klären (Mail, Intranet, Aushang,
  Brief, Pressemitteilung, Ad hoc-Mitteilung)
✓ Wann werden die Betroffenen, wann die Belegschaft informiert?

Abb. 6.2 Strategien transparenter Kommunikation

Ralph Schlieper-Damrich, Herausgeber des Bandes „Krisencoaching" (Damrich et al. 2013), schlägt für die Krisenkommunikation folgenden grundsätzlichen Rahmen vor (Schlieper-Damrich 2013, S. 218 f.):

- *„Ziel: Welche Wirkung wollen Sie erreichen?*
- *Zielgruppen: Wen wollen Sie erreichen?*
- *Positionierung: Als was wollen Sie wahrgenommen werden?*
- *Botschaft: Was wollen, was müssen Sie sagen?*
- *Aktion: Welche kommunikativen Handlungen führen zum Ziel?"*

Trennungskommunikation muss nicht automatisch in Krisenkommunikation münden. Mit einem guten, bewährten Trennungsprozess und einer abgestimmten Trennungsbotschaft zum richtigen Zeitpunkt durch die passenden Kanäle können Eskalationen frühzeitig vermieden werden.

Ein gutes Ende finden

Als Individuum und nicht nur als Arbeitskraft gesehen zu werden, ist ein elementares menschliches Bedürfnis. Trennungen können dazu dienen, positive Seiten anzuerkennen und auszusprechen. Schließlich leisten alle Arbeitnehmer ihren Wertbeitrag zum Unternehmenserfolg.

Einige Überlegungen zu einer freundlichen Abschiedsgestaltung:
Die Abschiedshaltung

- (Möglichst) beide Seiten drücken Respekt und Wertschätzung für den oder die anderen aus
- Die erbrachte Leistung wird gewürdigt
- Der Mensch hinter der Leistung wird gesehen und geschätzt
- Die gemeinsame Zeit und besondere Erfolge werden benannt
- Ziel muss sein, sich im Guten und nicht als Gegner zu trennen

Die Sprache des Abschieds

- Dank, verbunden mit Bedauern, wird ausgesprochen
- Freude über die gelungene (oder Aspekte gelungener) Zusammenarbeit wird geäußert
- Die bevorstehende Veränderung wird benannt
- Der Trennende gibt dem Getrennten seine guten Wünsche mit

Die Abschiedsgestaltung

- Die Bekanntgabe des Abschieds signalisiert „es gibt jetzt kein Zurück mehr"
- Die Verabschiedung (von Team, Kollegen, Abteilung, Vorgesetzten …) sollte persönlich und nicht (nur) per Rundmail erfolgen
- Die eigene Arbeit und offene Themen werden übergeben und damit abgeschlossen
- Streit und Konflikte zu beenden bietet eine Chance zur Neubegegnung in der Zukunft
- Kollegen, Vorgesetzte und Team freuen sich über ein Danke für die gemeinsame Zeit
- Abschied feiern und Trauern gehören zusammen

Abschied als Übergang
Mitarbeiter oder Teams, die von einer Trennung betroffen sind, bewegen sich zuerst in einer Übergangsphase, bis sie im Neuen ihren Platz gefunden haben. Diese Übergangzeit kann schmerzen, verunsichern, aber auch Lust auf die Zukunft machen. Der Übergang wirkt als Brücke vom Alten

(Bisherigen) zum Neuen (Unbekannten). Dazu einige hilfreiche Fragen für Betroffene:

- Was ist jetzt vorbei?
- Was bleibt? Wer bleibt?
- Was ändert sich?
- Was bringt das Neue?
- Wohin geht mein Aufbruch?
- Wie kann ich meine Verunsicherung in Offenheit wandeln?
- Welche Bindungen bleiben bestehen?
- Wie sieht jetzt ein guter nächster Schritt für mich aus?

6.3 Trennungskultur als Teil der Unternehmenskultur

Erfolgreiche Trennungsprozesse
Die vorigen Kapitel haben gezeigt, wie Trennungen in Unternehmen dank einer prozessorientierten Sicht gelingen. Ergebnis eines erfolgreichen Trennungsprozesses sollte sein:

- Ein Abschied mit Anstand für beide Seiten – auch beruflich trifft man sich immer zweimal
- Die Zurückbleibenden lassen sich bereitwillig und loyal auf neue Aufgaben ein
- Das innere Gemeinschaftsgefühl wird trotz Verlusterfahrungen gestärkt
- Die Unternehmenskommunikation erfolgt im Einklang mit der Corporate Identity
- Der Respekt von Geschäftspartnern als externe Stakeholder bleibt erhalten
- Betriebswirtschaftliche Aufwendungen für Ausfälle, Krankheit, Widerstand, Dienst nach Vorschrift, Burn-out, Präsentismus und für juristische Schritte werden reduziert
- Erfolgreiche Trennungsprozesse stärken das Employer Branding

Trennungsmanagement

Die Steuerung der Trennungsprozesse wird als **Trennungsmanagement** bezeichnet: Dies ist die *verantwortliche, praktische und professionelle Umsetzung aller Maßnahmen einer betrieblichen Trennungskultur unter Berücksichtigung aller Beteiligten im Prozess.* Die vorigen Kapitel zeigten, welche Fragen als Voraussetzung für ein gutes Trennungsmanagement zu beantworten sind:

- Welche betrieblichen Trennungssituationen kann es geben?
- Wer hat welche Rolle und wer macht was (Rollenklarheit aller Beteiligten)?
- Wer hat die organisatorische Prozessverantwortung („den Hut auf")?
- Wer übernimmt wofür Verantwortung?
- Was ist bei der Durchführung, Vor- und Nachbereitung, Ablauf und Zielen zu beachten?
- Welche besonderen Aspekte sind zu beachten? Ein Beispiel: Die Verbleibenden stärken!
- Wie wird ein professionelles Trennungsmanagement als unternehmerische Haltung von der Geschäftsführung selbst und vom Management Board gelebt?
- Verfügen die Beteiligten über genügend Wissen über Emotionen in Veränderungsprozessen?
- Wie sieht ein strategischer Umgang mit Trennung und Abschied im Change Prozess aus?
- Welche Regeln und Empfehlungen gibt es, um die Trennungskommunikation zu steuern?

Trennungskultur ist *„die Summe aller Regeln und Maßnahmen, die Trennungen und Veränderungen im Unternehmen fair und professionell machen. Trennungs-Kultur ist manifest, wenn Trennungen und Veränderungen mit möglichst geringen Verletzungen der Persönlichkeit aller Beteiligten einhergehen"* (Andrzejewski 2015, S. 37).

Soweit die Definition des Management- und Karriereberaters **Laurenz Andrzejewski,** der Unternehmen in Wandlungs- und Trennungsprozessen begleitet, in der 4. Auflage des Standardwerkes „Trennungs-Kultur und Mitarbeiterbindung".

Eine bewusst *gelebte* und von allen Stakeholdern *belebte* Trennungskultur zeigt, wie ein Unternehmen in schwierigen Situationen seine Werte lebt. Gerade im herausfordernden Umgang mit Trennungen, Trauer und Abschied spiegeln sich die *tatsächlich gelebten* Unternehmenswerte. Auch bei unpopulären Maßnahmen bleiben Vertrauen und Loyalität der Mitarbeiter erhalten. Eine gute Trennungskultur bedeutet *nicht,* dass es keine Trennungen geben darf.

Wer den Umgang eines Unternehmens mit Trennungen als Kulturfrage betrachtet, stößt dabei auf **Kulturelemente,** die Vertrauen schaffen und Sicherheit in der Unsicherheit geben können (Abb. 6.3).

Konsequenzen einer Trennungskultur
Werden emotionale Folgen der Veränderung durch Trennungen von den Beteiligten gut verarbeitet, können Verunsicherung und Lähmung sich nach und nach in Offenheit wandeln. Durch das stabilisierte Wir-Gefühl wenden sich die Mitarbeiter wieder intensiver beruflichen Aufgaben zu. Die Zurückbleibenden und „Überlebenden" (z. B. nach Auflösung eines Betriebsteils) fühlen sich gesehen, wurden fair behandelt und haben erfahren, auch in schwierigen Situationen Teil des Unternehmens bleiben zu dürfen – ohne das Vergangene verleugnen zu müssen. Damit ist der Umgang mit Trennung und Abschied Teil der Unternehmenskultur geworden.

Einbindung der Trennungsprozesse
Andrzejewski (2015) weist in seinem Vorwort darauf hin, dass die Trennung von Mitarbeitern Teil jeder Organisations- und Personalentwicklung und somit eine kontinuierliche Managementaufgabe werden müsse. Federführend sollte HR in

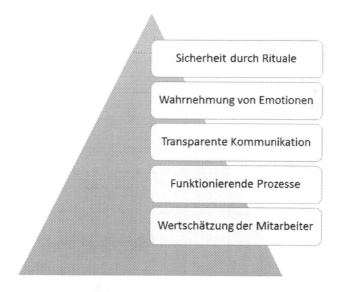

Abb. 6.3 Elemente der Trennungskultur

Abstimmung mit der Geschäftsleitung alle Maßnahmen zum Gelingen der Trennungsprozesse in die bestehende Personal-, Team- und Organisationsentwicklung
einbetten (Abb. 6.4). Ein Augenmerk liegt dabei auf der obersten Führungsebene,
die Trennungskultur nicht (nur) anordnen darf, sondern selbst leben muss.

Fazit
Was hält so verschiedene Unternehmen wie mittelständische Firmen, kleine
Betriebe oder internationale Konzerne im Innersten zusammen? Ist es der Zusammenhalt in den guten Zeiten? Sind es die erfreulichen Quartalszahlen? Das Orga-
nigramm einer perfekten Struktur? Sind es die gemeinsamen Feste?

Nicht nur Erfolg schweißt Menschen zusammen. Gerade im rauen Gewäs-
ser permanenter Veränderungen ist ein Schiff auf die volle Leistungskraft und
das Engagement seiner Mannschaft angewiesen. Was sich über die Unternehmenskultur mittel- und langfristig auch wirtschaftlich rechnet, ist der produktive
Umgang mit der *dunklen Seite von Veränderungen,* mit Trennungen, Brüchen,

Abb. 6.4 Unterstützende Formate

Übergängen, Abschieden und Verlusterfahrungen. Trennungen und damit verbundene Abschiede sind emotional, manchmal unberechenbar, manchmal auch befreiend. Sie als rein betriebswirtschaftliches Problem anzugehen, greift zu kurz. Trennungen fordern im Arbeitnehmer und im Unternehmer den ganzen Menschen heraus. Sie weisen den Weg, wie eine Kultur der Beziehung und Kooperation das zukünftige Miteinander im Unternehmen menschlich und wirtschaftlich gelingen lässt.

Ausblick Trennungsmanagement in der Arbeitswelt 4.0
Was müssen Unternehmen im Blick behalten, wenn *gutes Trennungsmanagement* zukünftig auch bedeutet, dass und wie Mitarbeiterinnen und Mitarbeiter sich von ihrem Unternehmen trennen? Wenn das Unternehmen selbst der Getrennte oder der Zurückbleibende ist? Diese Rollen müssten erst noch eingeübt werden. Durch Fachkräftemangel und demografische Entwicklung wird sich die „Trennungsmacht" der Betriebe ein Stück in Richtung Arbeitnehmer verschieben. Die wichtigste Aufgabe der Unternehmen wäre dann, Mitarbeiter, Teams und Auftragnehmer *halten* zu können.

Wie entwickelt sich Trennungsmanagement in den aktuellen Szenarien von Agilität, Arbeitswelt 2.0 oder Industrie 4.0? Eine Schlüsselkompetenz wird sein, als Unternehmen *beziehungsfähig(er)* zu werden. Damit wäre zukünftig die Kompetenz beschrieben, Mitarbeiter zu finden, zu binden, zu halten, sich zu trennen, sich in anderer Konstellation oder neuer Rolle wieder zu finden, wieder neu zu binden, vielleicht auch wieder zu trennen und dabei neu auszurichten.

Ohne den starken Kern einer tragfähigen Kultur mit erfolgreichen und geübten Trennungs- und Bindungsprozessen werden Unternehmen sich schwer tun, diesen Anforderungen zu genügen.

Was Sie aus diesem *essential* mitnehmen können

Mehr Sicherheit, um Trennungs- und Abschiedsgesprächen führen zu können
Wie wichtig eine transparente interne und externe Kommunikation für Trennungen ist
Wie Unternehmen und Belegschaft mit Trauernden und Zurückbleibenden umgehen können
Warum sich ein wertschätzender Umgang mit Menschen in Trennungsprozessen lohnt
Wie die Unternehmenskultur durch faires Verhalten in schwierigen Situationen gestärkt wird
Dass Anforderungen in der Arbeitswelt 2.0 gute Trennungs- und Bindungsprozesse benötigen

© Springer Fachmedien Wiesbaden 2017
K. Wurth, *Trennungsmanagement in Unternehmen,* essentials,
DOI 10.1007/978-3-658-15382-3

Literatur

Andrzejewski L (2015) Trennungs-Kultur und Mitarbeiterbindung. Kündigungen, Aufhebungen, Versetzungen fair und effizient gestalten. Wolters Kluwer, Köln

Benien K (2003) Schwierige Gespräche führen. Modelle für Beratungs-, Kritik- und Konfliktgespräche. Rowohlt, Reinbek

Boenig J (2015) Outplacementberatung. Ein Instrumentarium der modernen Personalarbeit. Springer Gabler, Wiesbaden

Bös N (2014) „Der leere Schreibtisch nebenan" von Nadine Bös am 06.01.2014 in der Online-Ausgabe der FAZ. http://www.faz.net/aktuell/beruf-chance/arbeitswelt/todesfaelle-im-kollegenkreis-der-leere-schreibtisch-nebenan-12735319.html. Zugegriffen: 22. Juni 2016

Echter D (2003) Rituale im Management. Strategisches Stimmungsmanagement für die Business Elite. Vahlen, München

Koch B (2015) http://hwk-koblenz.de/fileadmin/dateien/betriebsfuehrung/personal/trauerbegleitung_infoblatt.pdf. Zugegriffen: 22. Juni 2016

Leder A (2012) Wie Zahlenmenschen ticken: Stärken – Grenzen – Potenziale. Hanser, München

Messer B (2013) Das schaffst du schon. Eine Ermutigung für Menschen in Lebenskrisen. GABAL, Offenbach

Müller M (Hrsg) (2012) Leidfaden. Fachmagazin für Krisen, Leid, Trauer. Heft 3 Trauer am Arbeitsplatz. Vandenhoeck & Ruprecht, Göttingen

Nohl M (2011) Übergangscoaching. Berufliche Veränderungen kompetent und erfolgreich gestalten. Junfermann, Paderborn

Paul C (2014) Keine Angst vor fremden Tränen! Trauernden Freunden und Angehörigen begegnen. Gütersloher Verlagshaus, Gütersloh

Rock D (2011) Brain at work. Intelligenter arbeiten, mehr erreichen. Campus, Frankfurt

Roth F (2011) Das letzte Hemd ist bunt. Die neue Freiheit in der Sterbekultur. Campus, Frankfurt

Schlieper-Damrich R (Hrsg) (2013) Krisencoaching. managerSeminare. Verlag, Bonn

Schuchardt A (2003) Krisenmanagement und Integration, Bd 2. Bertelsmann, Gütersloh

Schulz von Thun F (2013) Miteinander reden: 3. Rowohlt, Reinbek

Walther P (2012) „Rituale für den Neubeginn" zur Trauerarbeit in Unternehmen in der Zeitschrift managerSeminare Heft 168 März 2012. http://www.managerseminare.de/ms_Artikel/Trauerarbeit-in-Unternehmen-Rituale-fuer-den-Neubeginn,217526. Zugegriffen: 22. Juni 2016

© Springer Fachmedien Wiesbaden 2017
K. Wurth, *Trennungsmanagement in Unternehmen,* essentials,
DOI 10.1007/978-3-658-15382-3

Printed in the United States
By Bookmasters